U0032827

每個人心裡都住著一座城市

建築、設計、旅遊達人的台灣空間旅行

謝宗哲 等著

生命中的空間記憶是永遠無法磨滅的，這本書藉著幾位建築人與媒體工作者的記憶，串連起我們的時空記憶，同時也召喚了我們靈魂中早已遺忘的土地情感，十分動人！

——李清志／實踐大學建築設計學系副教授

遠方與身邊的城市都一樣遙遠與重要，然而在壯遊的宏觀與日常的微觀間，我越來越覺得對自己城市觀照的必要，也欣喜見到以這樣態度作書寫的書籍出版。

——阮慶岳／建築師、作家

推薦序

回憶的勾引

劉克峰／第 13 屆威尼斯建築雙年展台灣館策展人

咀嚼不只有字面上的咬嚼食物意思，也有比喻品嘗，因而進一步玩味，並且開始有著思索的概念。食物在口欲上滿足，味覺感官上有更豐富感受，並且產生美好記憶，食物乃依賴著記憶成物質性的媒介。果眞如此，城市（建築、場所、空間事件）如何在心裡頭回味，那不就是回憶嗎？在心上空出位置擺放著一個城市的回憶？這裡是旅行作家們心頭架上典藏的回憶。如果每個人心裡都住著一座城市，那麼就是每一個人內在的空間場所的記憶。

這裡有羅曜辰台中舊酒廠的超現實場景；王治國私藏的師大路及師大公園在南村的邊境上；黃若珣＋張子浩台南 ed X 台南 ing；沈憲彰高雄油廠宿舍的刺鼻風味與甜膩觸感的油水殖民誌；蔡淑君從我的青春陽明山、美軍眷區及其荒廢、台南、到我的島澎湖，舒展其文學的行旅；工頭堅回憶出來忠孝東路的青春與風華，東區後巷的青春代表當時台北市；李俊明迷霧之城，婆羅浮屠；黃威融呈現的製作建築人故事當時形成記憶的種種碎片，安郁茜台北民生東路的公寓、黃聲遠的宜蘭、台南謝宅等在台灣各地晃盪的經歷；謝宗哲分享台灣島嶼的台北誠品書店、宜蘭．田中央、霧峰、台中港路、台南、日本瀨戶內海療癒系建築之旅，還有犬島、豐島與直島等。

「回憶」作爲一種通往過去的密道，不僅是過去的錄影紀錄。是通道很長，在如此一條長廊邊走邊瞧以及邊想像回憶，這些經驗還包含其喚回的舊日觀感。旅行過的城市成爲個人記憶的寶庫，進入寶庫把玩過去的行旅回憶。在記憶處存放著空間，場所城市裡又能勾引出記憶。來回之間是不斷的感情串接流動著！「回憶」的入口處是介於現實與非當下的情境之間，如夢似幻的精神上滿足。問問自己：怎麼認定那是我愛的場所？是不是沒有時間壓力的現實估量。全是純然精神的需要，那麼當下對於過去回憶的時間存在於哪裡？是成爲回憶中消逝的時間嗎？

片斷的文章＝零星的記憶？「記憶」的一部分是某一塊斷片，我們與過去之間總有碎片存在，旅行之後更有許多「記憶」的斷片。

文字的旅行，像是自白式的顯露證據，標記了回憶中的城市或是建築，或是註記因爲這樣出現的建築人與事。是這樣的一種記憶與地方的關係，像是對於建築的一種以文字的素描。這些都需要依賴著那種執迷與癡迷，很像是陷入熱戀。我想，沒有感情的執迷就不會有回憶，沒有回憶那麼時空不會再現。我們進入記憶的旅行箱，更是進入作者他們的記憶旅行。

拜讀完旅行作家的「重製品」之後呢？如果一個人要來超脫自我，真的要相信旅行可以把這個我化爲自身的蛻變，並從自我的內部去觀察世界，可以輕而易舉地付諸實踐成行。

前言

在台灣這些「看不見的城市」之間

這本書原本該稱之爲「在台灣生存的 N 個理由」，最初是由圓神出版的專案企畫主任吳靜怡小姐於去年我在誠品講堂開課之際，因緣際會之下喝咖啡交換心得，再談及當下國內外旅行的熱潮之下，是否能夠有一本用另類的觀點來寫作台灣境內值得深度探訪所在的過程中所誕生的。某種程度上也和約莫十多年前，由當時的暢銷作家黃威融先生夥同他的親密戰友們，所一起合作編著的《在台北生存的 100 個理由》有著某種同質性。

或許因著時空的不同、也因著網路媒體的突飛猛進，那種作爲觀光與瀏覽的表層式資訊與情報已經非常容易取得，甚至在各類達人部落客的網誌上也不乏相關的訊息。在靈光乍現之下，我建議靜怡是否有興趣讓我來號召當初因著開始進行建築策展所集結的「Little People Architects」❶們，以空間設計專業的角度來切入閱讀這個在基本旅行資訊上其實已經相對普遍，但希望可以用相對另類的眼光來重新詮釋對於台灣島內各個角落上的私體驗，來嘗試一種空間文學甚或是建築地誌學式的寫作嘗試，於是才轉而以「Little People Architects 的旅行札記」爲題加以命名。最後，在專業編輯群們針對內容的仔細推敲之後，《每個人心裡都住著一座城市：建築、設計、旅遊達人的台灣空間旅行》的書名，才終於塵埃落定。

事實上，這些「Little People Architects」平日就有著相當繁重的設計工作業務，因此有些夥伴因著過度忙碌而婉拒了這個其實有別於設計操作的寫作邀請。在募集這些稿件比想像中困難許多，爲了湊足一定的分量來成就這本札記更是吃盡苦頭。最後終於收集到除了 LPA 等建築人的羅曜辰（哈塔阿沃建築設計事務所主持人）、王治國（金光裕建築師事務所資深建築設計師兼爵士樂手）、黃若珣（成大建築系專任講師），以及我自己全力以赴地擠出數篇之外，也邀請了炙手可熱的建築旅行作家沈憲彰、創意人兼廣告人的文藝創作家蔡淑君貢獻他們的文采，並獲得身爲媒體人及旅遊達人的工頭堅及李俊明，以及當年的暢銷作家、前《Shopping Design》總編輯／現任《小日子》雙月刊總編暨發行人的黃威融等夥伴的熱烈相挺，而終於有了這本書的成形。

坦白說，最後會演變成這樣的組合有點始料未及，而且也有點擔心大家在談旅行談空間，或許整個路數與調性帶有難以承受之重的差異。不過顯然後來的成果是令人無比驚豔的：有的擅長用第一人稱的方式作一種喃喃自語的吟遊式書寫，透過其深刻的感受性敘說著平凡風景裡所蘊含的人文況味；有的則讓自己直接進到文本中所刻畫的城市街廓裡，透過文字領航著一場彷彿身歷其境式的、超越時空的漫遊；有的透過步行的空間體驗記錄整個城市的風貌，並透過文字來預想它可能發生的、不遠的未來；有的則採取回憶錄式的敘事手法，描繪著那些個曾經引領風騷、造就了城市文明、但卻又已經消逝掉的建築海市蜃樓。

另外，也有採取最近相當流行的對談形式，以一種側寫式的述說來作整個城市物語的呈現，則進一步地創造出某種猶如邀請讀者一起坐下來，配著幾杯佐餐用的紅酒或幾壺茶、置身於開放性 Lounge 中，直接聆聽老朋友們述說著關於某個城市生活中，記憶裡的點點滴滴般的閒適、慵懶與沉溺。然後，更有採取「借景」的手法，將個人來回奔走於整個島上的城市所截取出的浮光掠影，原汁原味地把它和該城市／建築中的經營者／駐足者／居民的對話與互動直接地擺在讀者的眼前，或可稱之為某種淋漓盡致的生猛與新鮮。而作為某種相較於台灣島內城鎮地景的對照，更加碼收錄了境外旅行中、位於印尼爪哇島上的熱帶憂鬱與覺醒，以及在日本瀨戶內海溫柔包覆下的療癒系建築漫步巡禮。

於是，在這樣的多元敘事脈絡下，旅行彷彿成為一種深度品味生活的絕佳途徑，而原本單純地被認知的旅行之所在也成就了多重閱讀的性格。這些城市成為所有曾經參與過它們在時空過往片刻之旅人們心目中、帶有唯一性夢中之城。

安藤忠雄說：「旅行造就了人，也造就了建築家。」安藤認為：「因著旅行，而得以脫離容易陷入惰性循環的日常生活，並且在一個新鮮而未知的境界裡得到嶄新的試驗與刺激；也就更因置身在一個前所未見的困頓境遇中，反而更具有『創造性』之產生的可能。……因著旅行，得以發掘自己在日常生活中未能察覺的生命與潛力。」

然而，這本書則提供了一種逆說式的可能。那就如同卡爾維諾（Italo Calvino）所說的那樣：

這座城市總是過渡：它反覆自身，以至於有某些事物永留心底。

在此貢獻出篇章的這些建築人、創意人、設計人、旅遊達人們，其實某種程度上都扮演著《看不見的城市》中的那位堪稱旅人之先驅的馬可波羅，每一個都堪稱這個網路時代之馬可波羅的不同化身。透過他們的各種敘事與述說，更進一步造就了那些留下旅人足跡之城鎮與島嶼的寓言與神話。希望透過這本城市寓言式的札記，引領大家重新體會、感受這些美麗但卻又「看不見的城市」。

謝宗哲

2012.06.08 於台南

註❶ 最初是為了 角逐 2010 年威尼斯建築雙年展台灣館代表權，由謝宗哲透過村上春樹的《1Q84》一書中的 Little People 的觸發所組成的一個年輕建築家創作聯盟，核心成員有王喆、方瑋、林建華、楊秀川及羅曜辰。後來因緣際會之下，在台北 URS86 再生基地舉辦初次個展「住宅的寓言與預言」之後，意外地有了廣大的迴響，而陸續受邀展出，並擴增為 12 人的規模（「台灣集合住宅的未來預想圖」展，府都 KIANTIOK，台南，2011、「Little People Architects」展，橫濱國際三年展，新港村 建築 Radio，2011）。目前則演化成為一個相對廣泛的範疇，泛指充滿理想與熱情、孜孜不倦地從事建築創作的小人物建築家們（亦即「非大師」）。

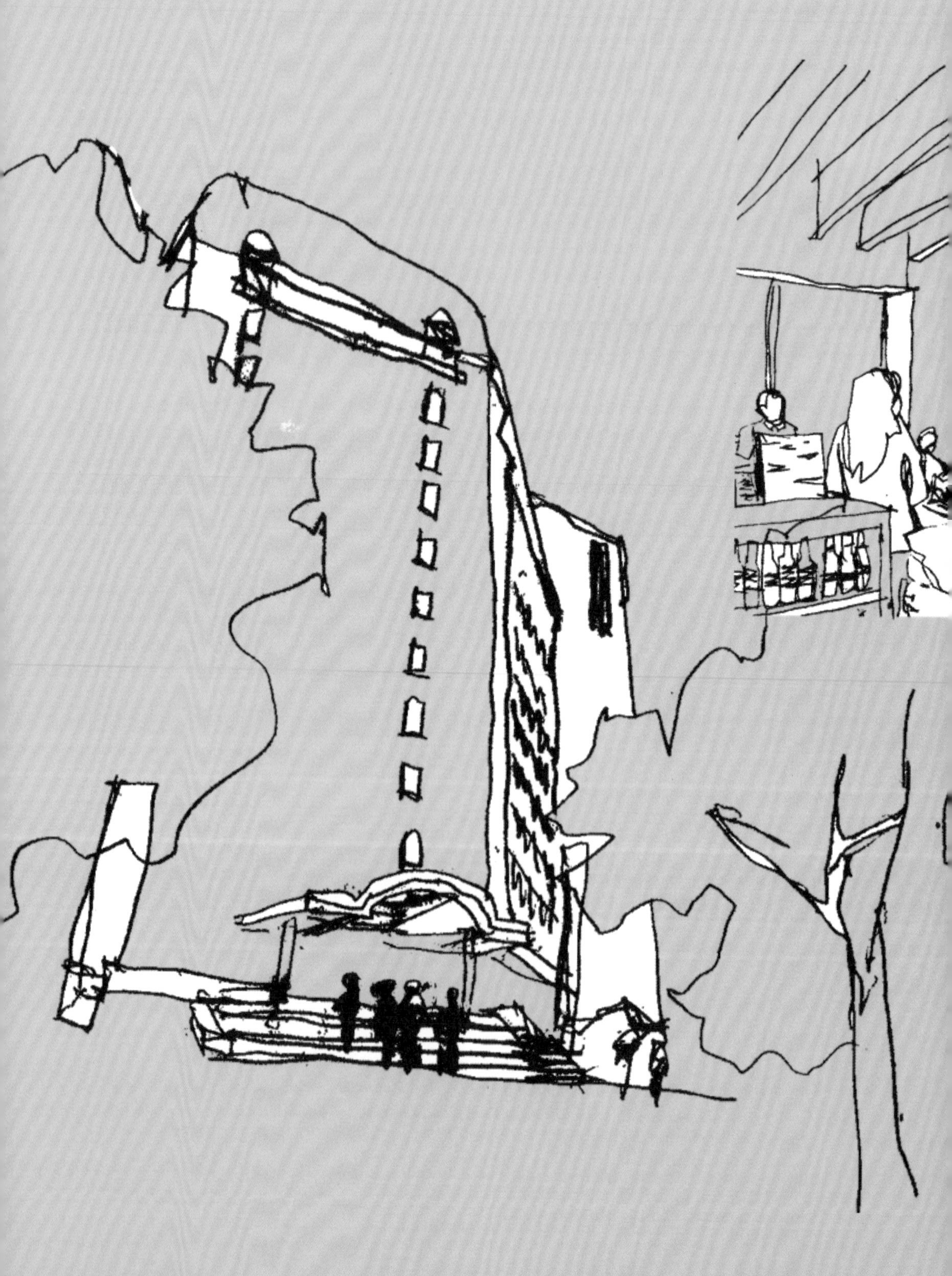

追憶城市裡的逝水年華

——我在誠品書店曾有的停駐與張望

謝宗哲

「誠品」之於文化台北，就彷彿艾菲爾之於巴黎。
它們都帶領著城市走往想像和期待的方向。

—— 南方朔

誠品之於我，與其說是一間書店，還不如說是一種態度，一種事件，
一種耽溺，一種自戀，一種性格，一種過癮，一種感染，一種必要。

—— 李欣頻

在東京留學的時候，坦白說並不經常有甚麼鄉愁。無論是生活上的任何瑣事、語言、食物、都市的場景與氛圍或休閒活動等等，對於從小幾乎過著與日本同步生活的我來說，幾乎可以說是一種無縫接軌的狀態。換句話說，我從來不覺得在東京有任何「出國」或「異鄉」的味道或真實感。只有當自己在接近深夜，還在都市裡徘徊、找不到一個讓旅人得以自由自在停歇、充滿溫度的所在之際，才會突然如同恍然醒來似地察覺自己並不置身在那個有著 24 小時營業誠品敦南店的台北。

是的，對我而言，東京與其他台北以外都市的最大缺憾，就在於沒有誠品書店的存在。誠品之於我，可以說是庇護著我免於恐懼、不安、孤寂的心靈歸屬之所在。

第一次知道有「誠品書店」，其實是在 1993 年的夏天。在那之前我只隱約地買過幾期誠品閱讀，但是在高中課業及聯考的壓力下，實在無暇理解到原來誠品是家書店。後來知道誠品是一家如同國外的藝術書店時，它早已經誕生近三年，而我也在度過既青澀又苦悶的大一生活之後，於暑假前往台北開始一段屬於找尋自我的旅程時，和留學美國放假回到台北的外甥女小津一起度過回美國前的台北的最後幾天時所告訴我的。

她說：「誠品真的很棒，你一定會喜歡。一定要去喔。明年我放假回

誠品南京店內觀（以上照片由誠品書店提供）

台北時也可以一起去。」現在回想起來，這句話猶如她對我所留下的遺言。殘念的是，我到最後從來沒能夠和小津一起去過誠品。因此誠品的存在，某種程度上也成了一種和她之間從未曾擁有過的逝水年華與虛擬記憶。

後來之所以如此迷戀起誠品書店，除了在於它對於我具有某種修復性與補償性的心理作用，而成爲心靈依靠或說追憶的所在之外，另一個重要的原因是和當時我亟欲「邁向建築」有著緊密的關聯性。

在過去，想轉讀建築或許只是基於一份對於土木工程或說數理科系的憎惡與逃避，但是因爲誠品而終於打開了我的眼界，讓我親眼見識到何謂「建築」、何謂「空間的品質」，也嘗到了一種屬於都會時尚菁英分子所沉浸其中的人文況味。也許一開始帶有在這當中找尋著她所曾留下的軌跡或殘影，但事實上卻加速並純化了我奔向建築的腳步與渴望……所以，我總在可以前往台北的時候就直奔誠品的懷抱。

那是我孤單的大學年代，是對於建築、美學、文學、哲學、當代思潮等各種人文學科範疇開始萌生興趣的時期，雖然青澀未熟，但誠品豐富的館藏以及在延伸閱讀的建議卻觸動到了這份閱讀的渴望。或許還有更多，

上：位於天母中山北路七段的誠品中山店
（簡學義設計）
下：貫穿中山店核心空間、採天光的中央樓梯
（以上照片由誠品書店提供）

包括那份不曾存在的記憶，以及對於未來的想像與刻畫。

我非常喜歡當時誠品閱讀上的 Catch Phrase——「在書與非書之間，我們閱讀。」在誠品的時光於是逐漸堆積成了當時我或許能暱稱爲破碎而灰暗的青春映像，是對我自己來說的一段任誰都無法取代的 Romance。

我最愛的誠品書店，雖然大多出自當時最具代表性的歸國建築新秀，然而這麼多年來，其實眞正深得我心的只有三個。一個是誠品發跡之地的仁愛圓環上商業大樓裡的那家敦南店的前身，可惜我只僅僅去過一兩次，就前移到現在敦南安和路口的敦南店現址。唯一不變的永恆魅力在於它的 24 小時營業與全年無休。

當時經常搭深夜巴士前往台北的我，總在剛抵達凌晨時分就投入敦南誠品的懷抱，直到現在，我仍依戀著在 2F Eslite Café 往窗外望去的那片滿是行道樹的街上景致，以及那張位於咖啡店正中央、可以和許多美麗陌生人一起圍坐著的大理石長方桌。

我記得自己總在那兒閱讀著村上春樹，啜飲著 Lavazza 咖啡，偷偷地端詳著坐在那張大方桌前的人們的細微姿態與表情。就在這個窺伺衆人的瞬間，當時無比靦腆的我有了參與城市生活的片刻，那兒有著一個猶如電影中方才得以望見的風景：他們或許伴著自己的隨身聽輕輕翻閱著各種時尙雜誌，也可能和著濃濃的咖啡香，讀著艱澀難懂的當代思潮經典，甚或是半躺臥在書櫃邊津津有味地讀著他們喜歡的小說；有些人會慢吞吞地享用著美味的三明治、沙拉等餐點；也有人會慵懶而安靜地在那兒喝一壺歐式熱茶。當然，更多的人只是熱中於浸泡在這個帶有時尙／人文／知性的洗禮，在這種看與被看的過程中享受瞬時的美麗邂逅與無止境的遐想，同時滿足於置身在這種空間狀態中的溫存。

而我則是滿懷著有朝一日成爲文藝青年的憧憬，因而常讓時興流連在誠品書店中成爲一種成長或說自我提升的儀式。說得誇張一點，這是一種對於自己長期置身於工學院那種人文沙漠的短暫脫離過程中的療癒與救贖。我甚至不只一次地想放棄所有的一切就直接到誠品書店工作算了，只是沒想到今天的我竟然以不同的形式與身分達成了當初的夢想。

另一方面，若從空間質感上來說，我到目前爲止最喜歡的誠品其實都已經消失了。一家是位於中山北路七段的誠品天母中山店，而另一家則是位於南京東路巷子裡的那家有著玻璃帷幕表情的誠品南京店。

天母中山店是當時我最崇拜的建築師簡學義先生及陳瑞憲先生所合作的經典之作。坐落於天母圓環附近的這家誠品，從中山北路上退讓出了一個讓人們得以在購物或散步過程中停駐稍息的都市廣場，兩旁的時尙精品店夾著小小的入口，「鑽」進去之後才發現那裡頭有著標誌出現代建築風景的小宇宙。簡學義將進入 2F 誠品書店的動線往後放到緊鄰面對後庭的那片大落地窗邊上，利用坡道營造出一種藉由漫步、逐漸進入到書店領域的這個連續性垂直向度的位移體驗，令人想起 Le Corbusier 在 1920 年代末期的經典住宅作品 Villa Savoye 裡，所設置的那段逐漸往 2F 主要空間及屋頂花園移動的坡道元素。

來到書店主要空間之後，通往三樓的樓梯則又進一步地被移動到正中央，與採光天井結合在一起而創造一個極具儀式性與象徵性的空間。這除了爲書店空間增添精神向度的氛圍之外，也讓整體空間形成一個完整的Loop，並有意識地透過地板高低的微調來界定領域，透過不同形式的書櫃家具來定義出不同書於所必要的尺度與性格。

我最青睞的角落則是日後坡道旁的那道臨著後庭、猶如日本傳統建築之「緣側」空間般的咖啡小鋪。來到這家天母中山店的我，總要暫時放下所有的紛擾，就自己一個人坐在那兒喝點咖啡、讀點甚麼、寫些甚麼地來度過一個寧靜舒服而屬於誠品的午後。

另一家值得我在腦海裡回想的誠品，則位於捷運木柵線南京東路站旁慶城街的小巷裡。那是林洲民建築師剛回到台灣不久所設計的一個室內改裝案的傑作。雖然內部空間氛圍同樣有著其他誠品所共享的、以深色木作的室內風格基調，但或許就因爲它被全面玻璃帷幕所包覆，而多了一份都會時尚的 Taste（那時候我甚至不知所云的覺得它有點紐約）。

1999 年的夏天，曾在台北的某家建築師事務所打工的我，總會在結束了一天的辛苦工作，走出 office 大廈前往搭木柵線回台北住處的路途中，順道去這家店逛逛走走，翻翻各類新書與雜誌，呼吸一下裡面的知性空氣來洗去一天的疲憊。偶爾會特意上到位於四樓還是五樓的那家少數位處「高空」的 Eslite Café，在望著近鄰的辦公大樓裡仍舊燈火通明、勤奮加班的景象來確認自己的確也同樣地生活在這個城市，並且與他們一同呼吸作息著，邊喝著咖啡邊想像自己未來又將要用甚麼樣的方式來參與屬於這份城市文明的經營與運作。

時間回到 2011，轉眼間我也在出國留學深造後回國、也得到一份工作、建立了自己的家庭、經營著自己的人生，同時也擁有了所謂的幸福……然而，我偶爾總會想起自己曾形單影隻地流連忘返於各家誠品書店裡的日子。那是屬於我自己的逝水年華，並在每次的追憶中充滿感激。

施工前後的誠品南京店外觀（以上照片由仲觀聯合建築師事務所林洲民先生提供）

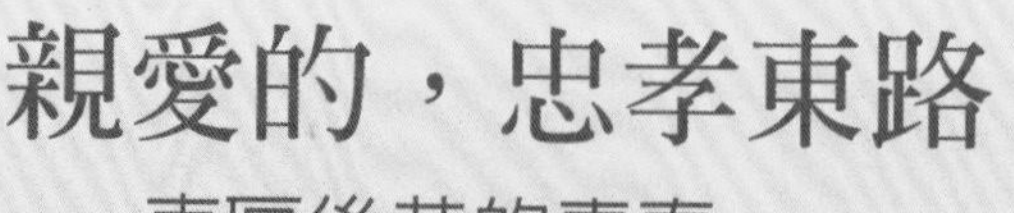

親愛的，忠孝東路

——東區後巷的青春

工頭堅

SOGO

去年，我以資深部落客和所謂旅遊達人的身分，參與了台北市的一項導覽與徵文活動，除了要選出一個最擅長或熟悉的街區，還得帶領著比賽得獎者做半天的導覽。這些年倒是時常帶團往台灣島內島外各處跑，但是導覽自己居住的這座城市，還眞是頭一遭。

仔細回想起來，我雖然在宜蘭出生，但從小在台北成長，對於市區裡面幾個有特色的區域，都曾經留下過居住的記憶。好比說，少年時期居住在士林、天母一帶，當時的中十一街（德行西路）兩旁依然稻田處處，路旁的水溝清澈到可以隨時捕撈大肚魚；而家族經營的 Guest House 位於雙城街，美軍酒吧的燈紅酒綠、以及販賣舶來品的晴光市場，洋溢七〇年代的時代氛圍。上了高中，尾隨暗戀的學妹搭公車到她住的民生社區，流連在充滿文氣的巷弄中，人雖沒追到，倒是又發現了這座城市的另一面嶄新風景。

近年來，一些友人、以及推崇的前輩，早已在台北各區推廣認識老街古蹟、郊區生態、巷弄文化、眷村歷史等主題，但如果眞要給自己找一個區域來探索與書寫，除了上述童年與少年時期略顯褪色的回憶之外，印象和用情最深刻的，不知怎地竟然想到了青年時期流連的——忠孝東路。你可能會說，甚麼？忠孝東路？也未免太平常了些罷？但，相較於其他充滿了故事的特色老街區，這條看似無特色、似乎在每座大城市中都有一條的商業鬧區道路，若在心中仔細梳理，卻能述說台北的一段發展史。

已故的台灣文人杜十三，曾在一九八七年發表過一篇文章，篇名就叫＜親愛的忠孝東路＞，將上世紀八〇年代台北東區正在蓬勃發展的都會文化，做了極好的記錄與詮釋，這篇文章的篇名也就這麼被我記憶下來。

對我來說，忠孝東路，不僅代表了都會生活與流行文化的啓蒙、在許多角落留下了刻骨銘心的青春記憶，更是一條直到現在依然樂於穿街過巷、漫步其中，覺得處處可發現驚喜的道路。甚至，如果要選出一條來自對岸或港澳地區旅人們最熟悉的台灣路名，我想也應該就是它了；因爲這條路，在童安格、陳昇、陳綺貞等許多台灣歌手的歌詞中都出現過，動力火車甚至直接將這條路當成了歌名，以高亢的歌聲帶領許多人，在路上走了無數的「九遍」。

生命中最初的忠孝東路印象，是頂好商場的開幕。當時仍然居住在士林、就讀小學低年級的我，因爲熱愛畫圖寫生，某天被阿公騎著摩托車、風塵僕僕地載著，來到現今忠孝東路四段的頂好商圈前；即使經過了三十多年，還記得當日的藍天白雲、陽光下閃閃發亮的新建築、以及滿天七彩的氣球；長久以來，我都以爲它就叫做「頂好大樓」，直到最近踏察，才知它原來是一九六八年落成的「香檳大廈」。而，一九七〇年代中期頂好商場的崛起，也標示著台北的流行文化，從南北向的中山北路、開始往東西向的忠孝東路轉移的大趨勢。

如果一個時間有限的旅人，眞正要了解忠孝東路，其實是不需要從頭開始走起的，因爲它的精華，一般認知就在四段。從捷運忠孝復興站開始，往東一路走到市政府站，直線長度大約兩公里、跨越了三個大街區；

包含了頂好商圈、統領商圈、國父紀念館等區塊，現在大家也就直接稱它爲台北「東區」。它代表的就是七〇、八〇年代之後，台灣經濟高度成長的年代（也可以說是個「泡沫經濟」的虛華時代），許多跟得上國際潮流都會腳步的景觀或生活趨勢，要不就在這個區域首先出現，或者在這裡被發揚光大；因此也成了都會青年追逐風尙的去處。

來到這條繁華的大街，難免會被表面的五光十色吸引，但是等等，忠孝東路的精采，有許多都藏在後面的巷子裡。走在巷弄中，抬頭往上看這些建築，許多都是跨越了三、四十個年頭的老公寓，代表了某個年代流行的建築風格。

我本非建築專家，但畢竟以前學的是美術設計，若然用欣賞與探索的眼光細細品味，也看得出，在靠近復興南路這頭，即將拆除改建的正義新城，代表了一九五〇那個反共抗俄的年代，依然物資匱乏、只求生活基本滿足，四四方方的集合住宅樣式；越往東走，慢慢地，一九六〇年代的光武新村，還有一九七〇年代受到美國流行影響的白色弧線、充滿未來科幻感的建築語彙漸次出現；然後，一九八〇年代，虛華的色彩與磁磚、花崗岩還有「後現代」冒出頭……一路走來，我不禁想像自己聽著每個時期的流行音樂，走過台北城的一段精采發展史。誰說忠孝東路不能作爲一條有特色的城市人文散步行程呢？

某一個陽光的午後，我便沿著這條路線，重新細細辨識各個街區的特色：頂好商圈的兩側，俗稱「名人巷」的大安路從中貫串，分布著來自各省、各國風味的、從平價到高級的美食餐廳；Bistro 98，位於四段九八號的一整棟美食大樓，提供了各種口味、相對比較高檔的用餐環境，這些年似成了名人巷的地標。抬頭時偶然發現的 Homey's Cafe，地址在敦化南路一段二三六巷，其實就在忠孝東路與大安路裡面，是東區較少見的文藝青年和小清新咖啡館。而，留下不少記憶的主婦之店，頂好商圈超過四十年歷史的老招牌，從西點蛋糕、簡餐、上海式西餐，到現場演唱的 Live House，至今仍每晚有歌手駐唱。

再往東走，到了敦化南路，這條美麗的八線林蔭道路，據稱當年是爲了連接台北的國際機場松山航空站、直到總統府，所特別開闢的迎賓大道，也成爲城市中一條美麗的綠色風景線。過了大馬路，進入忠孝敦化站的區域，位於林蔭大道敦化南路旁的上島咖啡店，這個位置過去是號稱台北第一家時尚 Café 「IR」的舊址，是許多東區孩子的回憶；但實際上，我印象中眞正的第一家進入一九八〇年代奢華象徵的咖啡館，是曾經短暫藏身在 ATT 吸引力旁的「OLD NEW」，不過由於占用防火巷道，開業不久隨即被勒令歇業拆除，但在那個一九八四年的下午，店中播放著 Sade 的沙啞歌聲，低吟著 Smooth Operator，依然鮮明如昨日。

儘管當年的百貨公司早已物換星移，但是留下「統領」商圈名稱的地標大樓，仍聚集了服飾店、餐廳、酒吧、舞廳、旅館、撞球間……等等，我喜歡半開玩笑地說它是東區的「罪惡淵藪」，作爲一個娛樂基地，畢竟也伴著台北熱鬧了二十多年，始終還是引領風騷。藏身後巷中的諸多時尚小鋪，幾乎每隔一段時間就換了一批新店面、新臉孔，卻始終生生不息、越來越熱鬧，也成為全台北市永遠具有年輕魅力的街區。

過了馬路往著名的二一六巷與延吉街方向走，還可以找到許多各地風格的高檔美食餐廳，以及別具特色的咖啡屋；如果和光武新村一帶、位於敦化南路與大安街之間的多國籍庶民美食區，靠近舊鐵道停車場（僑安地下停車場）附近，介於延吉街和光復南路之間的區域，則由於許多傳播界、唱片圈人士的品味灌溉，成了相對高階而各具特色的飲食街區。過往，走到國父紀念館，似乎就算是東區的邊界了；如今隨著市府轉運站與信義計畫區的繁華勃興，又開創出另一個商圈，但，那是另一個年代的故事了。

如果你來到忠孝東路，不必期待會看到一條多麼美麗或特別的景觀道路，但我要說，其實你看到的就是最眞實的台北生活，或者更準確地說，是台北年輕人們時尚喧囂的日常，而，對於來去匆匆的旅客，比起陳腔濫調的觀光景點，這種日常，或許才是最迷人的一個面向。

對我來說，流連東區的年月，正好是高中情竇初開、出社會之後追風逐尙、在現實中受挫徬徨街頭……前前後後加起來、跨越少年到青年近二十年的歲月；走在路上，彷彿翻過一頁又一頁的青春篇章，因此忠孝東路在我心目中絕不僅僅是一條普通的人行道，而是每個角落皆有回憶的時光大路。看著那些擦肩而過、熙來攘往的年輕美麗臉孔，我知道那一則又一則的青春故事，仍無時不刻地在這條路上、精采發生著。

工頭堅

本名吳建誼，出生在宜蘭，成長在台北；國際領隊／導遊，資深部落客，目前擔任雄獅集團欣傳媒達人總監、主題旅遊部經理，以及《一次旅行》《SENSE》雜誌專欄作者。對於台灣文創旅遊的未來，有著豐富想像與不滅熱情。

AMIGO
愛家

我的深夜急行

——再訪宜蘭．田中央

謝宗哲

在宜蘭作建築……那很接近一種生活的狀態。我們總會先試著解決最基本的問題之後，再讓大家去追尋最大的多樣性與自由。

—— 黃聲遠

自從我失去了位於台北師大路街廓裡的落腳地之後，台北便成了我不再輕易停留的城市了。或許很難接受那曾經有過的美好年代已悄悄走過，而親愛的表姊夫 Sam 也已經到了彼方有數年之久的緣故吧。而這當然是人生中許多不得不接受的現實之一。

因此，和黃聲遠建築師約在星期一早上的訪談，有別於過去我總會從台南出發後先在台北留一晚，然後再於翌日清晨從台北出發前往的這種感覺上變得無比遙遠的模式，幾經沙盤推演，衡量口袋裡的盤纏也不是那麼充分之後，久違了的「深夜急行」變成了相對理想的選項——也就是搭乘夜行巴士在車上過夜，清晨抵達台北再轉車出發的這個往位於台南對角線位置的宜蘭的移動方法。

雖然對於即將告別 30 歲年代的我在體力上多少有點吃力，但是這種貧窮旅行的方式卻喚起了心中某種獨自踏上遠方旅行的情懷與羅曼。上一次這麼做，恐怕已經是還在日本讀博士班時、爲了探訪住在大阪與岐阜的友人搭夜行巴士的記憶了。因此即便早已有了會非常辛苦的覺悟，卻也因爲得以在有了妻女之後，能夠再次與自己有莫名親密相處的機會而躍躍欲試。

雖然說是再訪宜蘭，但是對於她的記憶還眞的是相當片斷。記得小時候看著電視上天氣預報時，基隆地區與宜蘭地區總是永遠被雨所占據似的，因此對於宜蘭的想像是「雨」的故鄉。而後來偶爾能看到關於宜蘭的畫面，則會是有著寬廣綠意蔓延的稻田上散布著平房聚落、是在水平向度上延伸向太平洋的一畝屬於台灣後山之平原的意象。

位於宜蘭車站前的丟丟銅森林

而多年之後再次對宜蘭有了全新的認知，則是當初陳定南的綠色執政與號稱 90 年代建築領域中之救贖的「宜蘭厝」運動。至於眞的去到那個因著冬山河親水公園讓人耳目一新、同時有著國際童玩節加持的宜蘭，也是在十多年前的事，記憶實在相當模糊。

不過，終於比較有意識地造訪宜蘭，則是一趟類似「追尋自我」的旅程——我仿效著每個文青依稀會想幹的事情那樣，一個人搭著火車， 沿著北海岸線一路經過福隆（我還不免俗地買了月台上叫賣的福隆便當）、貢寮等地，抵達宜蘭之後才轉車、慢吞吞地來到冬山河畔，試圖造訪當時還極爲知名、剛完成不久的傳藝所時而留下足跡。

我記得那是一段相當漫長的路，於是我便走走停停，只要遇到有感覺的空間地景便停留下來寫寫札記、畫畫 Sketch，吃吃便當，並用上比平常來得更久更久的時間來眺望天空、試圖辨識河畔的植栽樹種、端詳那道尙稱清澈的水流。那就宛如一場與自己坦誠面對的，如同讓自己來發掘出自我深刻對話般的行爲與儀式。

或許從那時候我才深刻地體會到，眞正的旅行，或許更重要的是與自己的獨處，同時也必須透過全身的肢體與感官來體會那個旅行的所在，才能夠讓這個在有別於日常生活中、屬於旅途裡的特殊香氣眞正地滲透進我們的體內。除了在傳藝所看到簡學義建築師極具構築性的屋架系統與反應地域性的優雅紅磚之外，這段不算短的步行記憶反而更深刻地留在我的腦海裡。

話說這個位於台灣的後山、對我而言有著無比遙遠距離的宜蘭，在雪山隧道的開通下有了新的轉機。而當初我親愛的表姊夫 Sam 在它開通之初，便熱情地特地開著箱型車載著我們一家大小穿過雪隧、直奔蘭陽平原來一探究竟，奢侈地享受了宛如世外桃源般的風情。而在蘭城新月鄰近的日式平房巧遇的一場小音樂會的悠揚樂音與微風迎面吹拂下的幸福片刻，除了讓我對宜蘭街道與建築中散發著一股親切怡人的綠意與尺度有著深刻體會之外，沒想到竟然也成了和表姊夫最後的美好時光。

這一次，我之所以想搭著深夜急行跨越黑夜、在清晨抵達市府轉運站轉搭首都客運造訪宜蘭，除了本文之初所提到的、想重溫某種青春時期的羅曼、想拜訪黃聲遠建築師的田中央進行訪談之外，或許也隱約帶有對於 Sam 的追思與懷念的成分在吧。

車子緩緩地駛出市府轉運站，我略帶惺忪的睡眼望著黎明的微光下，所映照出的信義計畫區街道與周遭經常流連的新光三越與 101 周遭，在熟悉之餘卻也感覺有點超現實。然後，在經過一些未曾走過而無比陌生的街景之後，上了北二高、經過有著大量高樓盤據的汐止周邊繼續往南前進，終於來到這條通往宜蘭之便道的雪隧之際，那份進入前的沉重感、通過中的緊張感與窒息感，以及在經過十數分鐘後，從雪隧出到外頭來之後、那已經冉冉升起、等待著我而迎面而來的朝陽，以及翠綠的蘭陽平原就在腳下的那份舒暢爽朗的開放感，竟然伴隨著沉睡已久的記憶在瞬間甦醒。

曾經有過的空間記憶也許從未消逝，只是它早體質化地靜靜在體內的某個角落裡待著而已。當重新踏上旅程，或許就能夠在某些時候自然地反芻咀嚼這些被珍藏的記憶，而有重新的體會吧。

在跨越了深夜與清晨進到宜蘭，迎接我的是宜蘭最典型的、有著細雨與微暗的天空，以及蒙上一層薄幕般，但仍舊綠油油的水田等「田中央」的閒適景致。沒錯，這次之所以再訪宜蘭，其實最主要的目的還是探訪黃聲遠老師所領軍的田中央建築團隊，這些年來在宜蘭打拚所成就出來的建築地景。在我心目中，宜蘭的建築之所以有其自明性與清楚的識別，我想黃聲遠＋田中央的長期經營絕對是決定性的關鍵。因此我就帶著這樣的偏見，試圖從他們的作品中來讀取出某種地域性的建築韻味。

抵達目的地的下車所在是宜蘭車站的後站。花了一點時間、淋了一點

上：田中央住宅二樓，為周遭綠意所包圍的幸福片刻

下：田中央事務所中視覺穿透的空間

雨、走到前站之後，終於，那個傳說中的「丟丟銅森林」果然就迅速闖進了我的視界裡。

它的尺度果然就如同先前所預料的那般巨大，原本我誤以爲它是作爲一個城市入口意象的、帶有遮蔽性機能的空中棚架，並且是透過綠色構件與有機的造形來凸顯宜蘭城市風情的環境藝術裝置。但是來到現場才終於發現它更積極的功能，是創造一個讓民眾可以遊蕩與閒逛、有頂棚遮蔽的公園，而且是和車站一整個托開，並與它隔著一條街相互對峙（所以我還是因著淋到雨而稍微嘀咕了一下）。

不過在仔細觀察之後，發現它更積極的目的或許在於搶先一步占領台鐵舊房舍周遭的領域，一來是想圍出一塊對市民友善的範圍，二來則在於刻意杜絕某種非良性都市開發之意志的入侵吧。

從留下美好都市開放空間的這個角度而言，無疑是個極爲成功的作品。而以我個人的偏好來說，與其是那些很具象的、如同巨木般的綠色鋼柱架構，我反而更喜歡在地景鋪面上的處理。

上：鋼構的仿擬自然具象結構

下：透過紅磚順應地勢鋪設，而創造出自然、具有即物性觸感的土丘或坡地

在那兒，並沒有過於刻意去整地來讓它成為一個無機而平坦的那種西洋式手法，反而透過紅磚順應地勢鋪設，而創造出自然而具有即物性觸感的土丘或坡地。於是公園這個原本作為仿擬自然之所在的場域，在這種手法的操作之下，似乎比起一些均質性的操作，來得更貼近自然原始的狀態。

因此，無論是暫時在此停駐，或者是就斜躺在那有著微微起伏之地上的人們變得毫不造作，而宛如融化在風景中的模樣。雖然我還是覺得這片森林延伸的範圍並不太足夠，但是從遠處看來，這座原本甚至覺得有點突兀的人造森林，卻不可思議地融入了它周遭的植栽系統中，和環境共生與交融的姿態還是令人感到非常愉悅。

接著，在搭上友人的車前往田中央總部之際，穿梭在過去基於人或馬車、拖車之類的機具的尺度所建立的宜蘭城舊街廓裡，讓我感受到的是一種空間與汽車文明的衝突。事實上，這是非常適合步行的，是恰如其分、能夠讓人們在此悠閒走動、生活的城市規模啊。但是整個 20 世紀，人類的都市文明為了「交通」而產生劇變，不得不為這樣的欲望付出犧牲人性尺度空間的代價。

城市原本是作為人生活的所在，卻在短短一百年之間轉變成了汽機車的放牧之地。我們因著快速移動而喪失了某種曾經擁有的生活品質與韻味，也因著追求極致利益的資本主義思想，而葬送了每個城市所應當擁有的獨特性。這麼說來，宜蘭舊城區最可貴之處，或許是還存有著那份難得的、中低密度的特質吧。

於是這個仍舊「倖免於難」的宜蘭，因而得以作為一種與失落記憶銜接在一起、作為遙想過去城市風貌的參考點。會有這樣的感嘆在於自己的故鄉——台南城的地理中心位置早就因著過度的開發而失去了場所精神，但在幾次經過宜蘭舊城街區的經驗，卻不可思議地給了我藉以回想的座標。這只是我個人的妄想嗎？不，我寧可將這樣的想法視為某種內心深刻的渴望，只是這整個世界（至少台灣是）一直在瞎忙下而忽略了這些更貼近生活本質與核心的價值吧。雖然未能眞的下車在這當中透過散步來加以確認，但是經過這些相對舒服的步道、被整理過的公園、有意識整備的綠植栽系統等等，至少可以確認宜蘭這個友善的城市環境提醒了我們日常生活中，事實上都應享有在都市公共空間裡閒逛、停駐、喘息、放鬆、深呼吸的必要與自由。

在逐漸進到宜蘭市郊區的領域之際，往水平向度蔓延的田園景致再次現身向我招手。無比清晰的地平線讓天空的雲有著更自由伸展的餘裕，因此在下著雨的當下，這些與水氣息息相關的雲霧有了更爲顯著的流動與吞吐的景況。在抬頭仰望著自然界的各種表情與容顏之際，我已經來到黃聲遠老師的田中央總部。

那是一棟的確位於「田中央」、看得出某些藉由設計操作手法來加以改造的房子（也許可以說就像是宮崎駿動畫作品裡頭的「霍爾的移動城堡」一樣吧），散發出極爲濃厚的設計氣息。前院與側面的車棚邊則是由竹子與樹木所形構而成的圍籬，而愈加給人一種類似秘密花園般、觸發著人們的好奇心而進到裡頭去探索的嚮往與渴望。

來到入口處，在一道矮門的後頭是主要工作室空間外的前院，而院子裡的那畝小田上，據說最近種出心得來了的、以玉米爲主的各種蔬菜，除了可自給自足，也能作爲與鄰舍農家交換的食材。進到這棟「建築城堡」裡頭之後，果然到處都有非常搶眼的巨大建築操作模型盤據其中。然而更讓我印象深刻的是水平視覺上的穿透，以及平面計畫在有意無意下讓空間往水平方向延展、占領、擴增的天性與本能，可以說展露得淋漓盡致。

一樓主要空間有的向外延展出一個半戶外的露台，有的則形成了極具穿透性的半戶外廳堂；至於比較內部核心的空間所在更是透過打開的動作，大量設置的開口部讓必須長時間停留的工作室空間，從原本位於深處的幽暗轉爲明亮、通透，從原本單純的方盒子被解放成帶有大量開口部與

新一代的田中央建築事務所本部，猶如宮崎駿的「霍爾的移動城堡」

縫隙的、爲自然景致所環繞的工作居所。而在它上頭的二樓樓地板則藉由局部挑空的手法，讓這個 Studio 與其上如同漂浮在半空中的 Lounge 與戶外的平台連成一氣，讓這棟建築宛如獲得了生命般的氣息。

無論是待在主要空間還是走在垂直的動線上，都可以發覺這棟房子是如何積極地敞開自己和外側取得聯繫的關係，而成爲人們生活行爲與外圍環境及自然交往的載體。這種如同樂園般的空間狀態，除了宜蘭的田園地帶有著得天獨厚的低密度之外，我想那會是一種地理啓蒙之下的自信展現。至少可以說田中央的建築在宜蘭這樣的特殊狀態下，建築不再只是把人的生活給包裹起來、閉鎖起來的那種具備高度防禦性的容器。

也許因著天生的和平與安靜、因著相對的低度開發、相對的低度資本主義的污染，雖然台灣其他的城鄉也同樣具備著田園的風景，但是宜蘭卻可以相對地放下戒心與包袱，得以告別某種內聚性的合院式空間，而以更自在的姿態朝著周遭的綠意與自然打開。

後來與黃聲遠老師的訪談，就是在同樣環境下的另一棟房子的二樓飯廳進行的。我們圍著圓桌，同樣有著窗外明亮綠意的包圍與微風的吹拂（偶爾飄來一點細雨），緩緩地就田中央的建築，以及落腳宜蘭的點點滴滴細說從頭。印象最深刻的除了一份緩慢的閒適之外，或許是黃老師這位建築界永遠的少年口中所說的那樣，那是一種「生活狀態的構築與經營」。而這正是田中央建築團隊能夠持續生存得不錯，甚或是整個宜蘭的建築能夠擁有某種品質的關鍵。

是的，「生活狀態的構築與經營」。對我來說，再訪宜蘭的最大收穫，或許便是這句話爲我帶來的一些啓示與提醒吧——無論是建築的、日常的，甚或是擴大到整個人生的規模。我想這會是最眞摯而誠懇的態度，同時也是最貼近生命本質的價值。

與原生自然樹林及老建築共生的丟丟銅森林

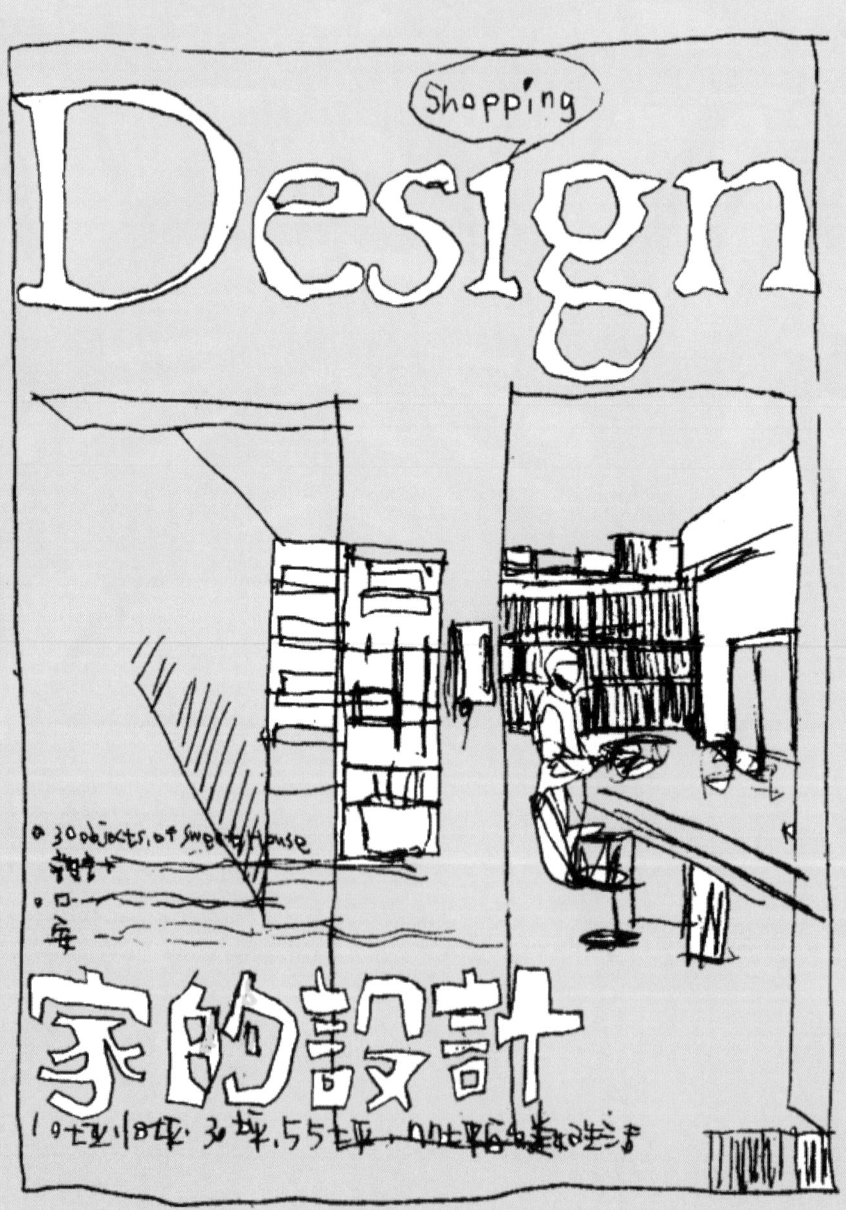
Shopping
Design
家的設計

一個設計雜誌總編輯，在台灣各地晃盪的經歷

黃威融

在台灣從事雜誌編輯工作，是一件不怎麼讓人興奮的事，多數工作者被缺乏潮流感和時代判斷力的高層指派做些自己根本都不相信的東西，然後用便宜行事的方式完成。不過我接下來要說的這件事是個意外，這件事發生在 2006 到 2011 這五年中間的某段時間，那時我是《Shopping Design》❶的總編輯，跟著我到處亂跑的是攝影師陳敏佳和美術總監黃昭文❷。

我們製作雜誌的方法有點特別，先看看 2007 年二月我在第二期「編者的話」針對工作方法的描述❸：《Shopping Design》第一次的封面主題是「採購白色好設計」，因爲現實條件的限制，我們採用類似獨立製片的手法（相對於已經有市場位置的主流品牌），運用有限的人力和外在資源生產工作……這一次，我們仍然是「獨立製片」，最大的收穫在於新工作方法的確定。團隊中的大部分成員，過去最熟悉的都是台灣傳統雜誌的「交響樂團作業流程」，習慣身爲大樂團大編制下的一分子，演出前認眞地排練，演出時遵照指揮的節奏。這是昔日台灣大多數雜誌的工作方式，但我們私自以爲，當市場口味改變、類型開始重組逼使產品必須調整的時候，就該嘗試另一種演奏方式。

相對於「交響樂團」的精密嚴謹，爵士樂團的表演方式大不相同，樂手間的默契和即興想像才是作品精采的關鍵。身爲爵士演奏的一員，你不但必須秀出自己獨到的才能，更得激發和你同台的夥伴表演的興頭，還要知道在適當的時機把舞台讓出來給他 Solo，當每個演奏者都表現出個人最好的一面，那就會是最動人的音樂。

安郁茜老師問我的第一句話：「這就是你們的爵士樂團？」

第二期雜誌出版後，接著製作第三期「家的設計」。靠著本刊創意總監詹偉雄的人脈，我們聯繫上當時任教於實踐大學的安郁茜老師，她歡迎我們去採訪拍攝她位在台北市民生東路五段巷中的翻修公寓。一般雜誌採

2007 年 4 月《Shopping Design》第三期家的設計，安排詹偉雄去安郁茜位於民生社區的家對談，這張照片是好幾個攝影助理攀在左右上下的牆面打燈才能這樣呈現，是 SD 發展工作模式過程中非常重要的一張照片。

訪的人力配置是一個記者搭配一個攝影，但是《Shopping Design》不這麼做：我們至少出動一個採編，總編也跟著去，攝影師通常會帶一到兩個助理揹器材和打燈，要是這場拍攝會搞大的話，美術總監也會到。這樣的意思就是，安老師這場重要的採訪我們出動了五個人（至少，年代有點久遠確定人數記不得了，這還不含當天遲到超過兩小時的詹大哥）。我還記得那天下午安老師打開門、看到我們浩浩蕩蕩的一群人、她跟我說的第一句話是：「這就是你們的爵士樂團？」

當天的任務編組大概是這樣：我和採編負責和安老師聊天，美術到處晃來晃去，然後用鉛筆畫 Sketch，攝影堪景找角度拍空間照片，那天我們的設定是先拍安老師的生活空間，接著要拍她和詹大哥對談的畫面（當時我們並沒有意識到我們在做一件後來深深影響這本設計雜誌的開模工作，人物對談後來能成爲該雜誌的招牌欄目，很多基礎都是在那一場拍攝搞定）。

後來出現在雜誌對談那張跨頁照片，其實是攝影夥伴辛苦計算打燈位置，萬般辛苦拍出來的；變成雜誌封面的那張圖片，其實是美術建議攝影拍的；更讓我感動的是，採訪結束後，攝影主動跟我說他覺得有幾個角度沒拍好，如果可以的話，他希望能去補拍，有這樣積極認眞的夥伴一起工作，這是莫大的福氣。這麼多年過去了，安老師住家照片當封面這期，它的暢銷表現是歷年最佳，如果你幸運擁有這本雜誌，恭喜身爲讀者的你擁有一期堪稱傑作的雜誌專題製作。

去宜蘭採訪田中央，作出無比抒情的建築報導

拜訪有意思的空間一直是《Shopping Design》這本雜誌的核心任務，2008年夏天，我們跟著詹大哥的單車玩樂團的角度，來到了宜蘭，認識了田中央設計群的朋友和黃聲遠建築師。我在那期雜誌寫了這些句子，跟讀者介紹這群在宜蘭搞建築創作的傢伙：

這間建築事務所的氣氛很特別，很像60年代位於巴黎芝加哥柏克萊或者中南美洲的某種革命組織，不過當你回過神聽到角落揚聲器傳來的蕭煌奇歌聲，是的，這是2008年夏天的宜蘭，從台北市出發走環東大道、接二高南下往石碇、穿過雪山隧道下宜蘭、一個小時以內就會抵達的宜蘭地景建築革命行動總部。

與其說我們是在採訪找雜誌素材，應該說我們一直在找志同道合的朋友，這種心態在我們跟田中央互動時特別明顯。「製作」田中央內容時，我在意的是如何讓讀者感受到他們在宜蘭創作建築和地景規畫的眞摯情感，我非常擔心會跑掉，會作成台北媒體那種自以爲是的粗暴抒情，幸好後來我們沒走錯路，這是我感到無比驕傲的事，也是團隊的成就。

能夠做出這系列東西，最重要得歸功田中央這群人囉嗦雞婆的本性：他們不辭勞苦地帶領各個參訪團走訪觀看很多很多作品，遇到我們這種難搞的採訪單位，還要求他們在看不同作品之間的移動過程一定得帶我們吃

小吃，而且要去那些他們不願意跟外人分享的私密場所，例如夏天午後沖涼的無名泳池，甚至我們還住了好幾次三星張宅跟建築師聊整晚他的創作生涯……後來這些統統變成那期雜誌的素材。

我們吃喝了一整夜，到了隔天中午才開始正式工作……

2009 年上半我們前往台南住謝宅， 位在台南市西市場的謝宅經由屋主小五和游智維的共同策畫和努力，加上三個剛從成大建築系畢業的學生，兩個成大創產所還在讀的研究生，一起改造了這間四十多年的老房子。我們從幾個朋友的部落格得知這件事，決定親自住一晚。我們一去就是五個人，這還不算隔天早上從台北開車趕到現場的美術總監。

我們抵達謝宅附近是下午四點多，第一次去謝宅的人是不可能自己找到地點的，於是我們把汽車停在西門路上靠近正興街口那排銀樓旁的路邊停車格，直接走去西市場裡知名的江水號吃八寶冰，一群人坐著吃冰時，小五和智維找到了我們，帶我們從西市場內部開始逛起（接下來他們講述的府城歷史有去過謝宅的人一定都聽過，我就不重複了）。

難得一群人到台南，我建議大家去吃桌菜而不是小吃，小五直接把我們帶去民權路上的阿美飯店吃砂鍋鴨，小五說許多台南人過年都會來跟他們買一鍋回家，吃完之後可以把鍋子拿來退，店家會退錢給你。當晚除了吃了極讚的鴨肉，還點了好幾道很台很細緻的美食，不過我現在已經忘了確定的菜名。

吃完晚飯回到謝宅，已經相當晚了，走到一樓準備爬陡峭的樓梯，我和攝影師忽然覺得可以拍了，如果安排他們兩位站在樓梯旁邊歡迎客人來謝宅玩，應該是不錯的畫面，這張照片成為我們這趟謝宅拍攝的開工照。上樓聊天時有人放了江惠的音樂，我覺得氣氛對了，請攝影師趕快開始按快門，我在那篇報導的後記是這麼寫的：

在接近午夜的露天院子拍照時，小五和智維順手放了張江蕙 2005 年推出的「愛做夢的魚」專輯，他們隨口說在謝宅聽江蕙的歌最對味。對於這個看法，我們實在不能同意更多了，在我看來江蕙近十年推陳出新大獲好評的台語新歌專輯，恰恰和翻新作舊後的謝宅有著高度的類似，語彙和腔調還是從前的味道（微調得更細緻），但是加進更多現代生活的元素（不能全盤仿古），這才是與時俱進的台灣設計力量。

隔天早上起來，吃完早餐我們準備正式開工拍照，前一天沒辦法一起南下的美術清早就從台北殺下來會合，我把昨晚發生的種種和聽到的事交代了一下，連同攝影三個人討論了起來。差不多就在這時候，智維從家裡趕過來，他擔心我們有需要協助的事，美術同事正認真的描繪謝宅不同樓層的平面圖，我跟攝影師說，先讓美術好好畫吧，冰箱裡那瓶昨晚來不及開的白酒先拿出來喝吧。

幾個月後，我跟智維比較熟了以後，他終於跟我坦白，那個早上我沒有叫攝影去拍照而是先喝酒這個決定，當時他嚇了一大跳，因為從昨天晚上混到隔天快中午，這群人雖然有拍幾張照片，也似乎有在採訪聊天，但是他從來沒遇到這種路線的媒體工作方式。

等到美術畫好平面圖，我盤算了一下時間，已經接近中午，我決定請智維先帶大家出去好好吃頓中飯，然後回來用三個小時的時間把該拍的影像解決，根據我的經驗，把事情想清楚一次做到最省力，如果先吃頓好料的，工作團隊會更有拚勁。

午飯後，我們真的就只花了三個小時拍出後來做成十四頁的謝宅報導（這期的零售直追安郁茜老師家當封面那期，是歷年的前三名）。傍晚五點多小五來關心進度，我們這群愛吃愛喝的編輯團隊𠱁他帶我們去吃牛肉火鍋，他熟門熟路帶我們去金華路某家我們這種外地俗咖自己路過絕對不會進去的小店，吃了這輩子前三名好吃的牛肉和店家手製各式魚餃，吃完之後立刻開車北上，結束兩天一夜的台南採訪。

透過採訪工作，經由各地奔波，我和這些人成為好友

我在《Shopping Design》短短五年的總編輯任內，這三次採訪可說是我最懷念的——不僅是採訪當下相談甚歡，之後的幾年到現在，我們都還是偶爾會連絡、一見面就非常熱情高興的夥伴。我常常在想，應該是這個社會的整體結構和主流價值讓我們這群人感到心灰意冷，才會讓我們相遇時感到特別的溫暖和心意相通。

感謝安老師，當年妳隨口一句這是你們的爵士樂團，對剛接下總編輯職務的我有無比的鼓舞，感謝妳；每次去宜蘭都有喜出望外的收穫，不管是田中央親切家常的員工合菜午餐，或者騎單車過程中品嘗的冰品果汁和小籠包（這不用我說，大家應該知道這一定是某詹姓人士規畫的路線），乃至每次去某個作品現場的不同體驗，感謝黃老師、王董、小白和好多好多田中央的朋友們；小五和智維讓我們感受到台南的不同，你們一定要加油，台南的未來都靠你們了。告別《Shopping Design》之後，2012 年我還是要跟這些朋友混來混去，不過我會發展出新的想法、會創辦新的雜誌，我們後會有期。

黃威融

2006 年 11 月至 2011 年 9 月期間擔任《Shopping Design》總編輯，因為工作緣故常在台灣各地跑來跑去，好友謝宗哲特地邀請我寫篇台灣遊記，我覺得這幾年的幾段奇遇，喜愛建築城市空間創作的你們應該會感到有趣。

註❶《Shopping Design》的誕生是個有意思的歷史命題。2005 年前後，台灣有兩本重要的設計雜誌創刊，一本是城邦集團推出的《La Vie》，一本是包益民先生的《PPaper》，當時我身處的雜誌公司被通路告知：「現在設計很紅，你們要不要作個設計特刊？」我們抱著姑且一試的心態，在 2006 年 11 月推出了第一本「採購白色好設計」，沒想到，市場反應還挺不錯的，我當時的老闆跟我說：「威融，我們就往下做吧，不過只要三期賠錢我們就收起來。」「可惜」的是，因為我們這個團隊的才華過分耀眼，我們通過了這個考驗，雜誌存活至今。

註❷我先認識黃昭文，再認識陳敏佳，中間還插了一個詹偉雄。2001 年身為暢銷作家的我在圓神出版一本散文集認識了黃昭文。2004 年雅典奧運年詹偉雄想做棒球書，找到我來當主編，那本書的人物攝影就是陳敏佳。

註❸《Shopping Design》每一期的「編者的話」我都把它當作編輯心得在寫，所以要了解我編輯技藝一路演進過程的心情起伏，歡迎大家去讀每一期的「編者的話」。

2008 年 10 月《Shopping Design》的封面照片選用田中央設計群的大合照，
這張照片內的人物排列按照當時田中央的工作編組，
第一排最左邊是創辦人黃聲遠建築師，第一排右邊是資深建築師，
第二排左邊是一般建築師……以此類推，後面是那年夏天的實習生

Your PRIDE

在南村的邊境上

王治國

作家韓良露給「師大夜市」起的另一個名字——「南村」，而那一陣子，到底應該是藝文的「村」或是庶民的「市」被兩派支持者爭論著，這場尚未停止的命名權戰爭到現在也未有個定論，也不需要有定論，在這片擁「村」者和擁「市」者各有定見的區域裡，本來就是因爲涵納了兩種風景而豐富。

南村是一個抽象的區域，普遍的說法是指以師大路及師大公園爲中心，以和平東路、新生南路、辛亥路、羅斯福路所圍塑出的地域，其中包含了溫州、泰順、龍泉三條縱向的街道與雲和、浦城兩條横向的街道，以及不計其數的小巷道及小公園。而若將區域再放大一點，往北可包含青田、金華、麗水、永康街一帶的區域，往南則由溫州街延伸至羅斯福路，從早期這一帶區域就是學者、藝文、政治、外籍人士常出入的地方，行政院長官邸、教廷大使館、台北清眞寺、梁實秋及殷海光故居，以及紫藤廬亦在此。

「如果說街景是眾人生活態度的縮影，那或許流連於南村的人們多少都帶點了自由與浪漫的人文氣息。」

最初接觸到南村是因爲大學讀的淡江城區部就在師大對面的麗水街上，學校旁邊的永康街也是個台北出了名的商圈，日客陸客趨之若鶩的鼎泰豐和冰館芒果冰也在其中，但或許一則是因爲過於商業化，另一則因爲每次都大排長龍而懶得排隊的關係，這兩家店是吃也沒吃過，反而寧願多走幾步路，跑到師大夜市裡去買有著可愛店員的柳橙檸檬，排那要領號碼牌的生煎包，或許是因爲這樣，排著排著就排出了一股情分，畢業設計索性也就選了師大小公園作爲了基地，心生浪漫的把那弄成了露天電影公園，期待著每個晚上都歌舞昇平，讓人們能流連於光影布幕間。

當然，這個夢並沒有成眞，也或許是因爲強行植入的浪漫總會夢碎，所以南村師大在幾乎沒有教條力的介入下，自由地吸取自己獨有的養分而

「師大夜市」的白天

生長，而在幾年後，又回到了小公園，發現這裡除了早先的夜市集依舊存在外，又不斷的自訴出一種獨有的街道風景。

師大公園寬約 20 公尺，長約 300 公尺，從師大路 39 巷緊沿著師大路延伸至 92 巷，公園中間被數條巷子切分成數個小區塊，整體而言是個帶狀型的公園。隔師大路的對側林立著超商、眼鏡行、小吃店等各式滿足民生所需的店家，師大夜市也位於那區域的後巷裡，而緊鄰公園的這邊，則有許多由住家改建而成的各式餐廳比鄰著公園而開，公園也正因夾於南北通道及這兩個區域間，順勢地吸收了許多活動於其中：

「在午後，年輕夫婦帶著自己的小孩在遊戲區奔跑；男孩和女孩帶著屬於兩人的小狗曬曬太陽；迷路的觀光客拿著地圖問著路；康輔社的社員一起練習著週末要帶的團康活動；文青帶著筆電到文青咖

上：藝文咖啡店
下：「師大夜市」的夜晚

啡店寫著未完的『不容悲憤的年代』。在夜晚，兩個年輕人用木吉他彈出輕民謠，前面擺著一疊自己剛錄好的EP；幾個上班族提著兩手啤酒坐在花台上談著理想抱負與討厭的主管；操著不同口音的西方人身著精心打扮的華服準備去附近的Night Club狂歡；半戶外的Bar裡傳來兩隊足球賽支持者的加油吶喊；老伯推著車沿街收著瓶瓶罐罐似乎有著他不得志的生活。」

對於一個城市而言，有一個夠負載這麼多元活動、事件且非教條式的開放空間眞的是塊難得瑰寶，無論在早晨、在午後、在夜晚，師大公園總能呈現出許多不同層次的面貌，而並不是僅有一般人所熟悉的「師大夜市」的這個身分，對於南村來說，師大公園更是發動所有能量的心臟。

當從師大公園轉進附近巷子裡的時候，空間尺度也由原本的開放漸漸轉換到了圍覆，因爲這一帶建築物大約屬1980年代四至五層的老公寓，雖然巷道只有小小的五、六米，但實際的街道尺度卻呈現出「覆」而不「閉」的親切感。

巷裡多的是服飾店、小吃攤、小餐館，以及某種程度「掛咖啡賣啤酒」的文青❶咖啡館。文青多、Wi-Fi 多、啤酒多是這裡咖啡館的共通特色，除了一般咖啡館常有的餐飲、輕食之外，通常還會賣有多種的比利時啤酒，有些店的比利時啤酒種類可以多到二、三十種，比菜單上其他餐飲的總和都還要多，老實說，到現在還是不太清楚這種五花八門比利時啤酒文化形成的原因是甚麼。

而除了賣啤酒之外，很多店家都有早午餐（Brunch）的供應，這大概多少受到這附近異國飲食文化影響有關。另外，有些咖啡館會兼任著藝文活動場所的任務，即使店家本身沒有在舉辦藝文活動，也會大量的傳遞各式的活動訊息，讓人文氣息瀰漫在整個南村的區域裡。

「混搭」是這裡的特色，這裡的文青咖啡店或服飾店裡的裝潢常顯出一股混搭風，在把甚麼東西都弄在一起的狀態下卻又顯出一股協調感，或許是因爲多國及多元文化充斥在這區域的使然，而這種多元性的產生多少要拜師大國語教學中心（俗稱師大華語中心）之賜，一個學季至少一千七百多個外籍學生（還沒算台大的部分）在這出沒，在這解決日常生活所需，也間接造就了多元文化交流後異國餐館❷、美式餐廳、Bar 林立的原因。在師大公園旁邊和巷子裡就有數家這類的餐飲空間，而這類的餐廳常利用環境之利，營造出有如歐美戶外沿街露天的用餐感，進而形成了具有異國氣息的街道風景，而這股異國情調又不時在與師大夜市裡的在地生活對話著：

> 「在天氣涼爽時的夜晚，坐在户外餐桌前，心裡只有閒散，口中咬著巨無霸起司培根牛肉堡喝著啤酒時看著 ESPN 轉播足球賽，而旁邊公園裡坐在花台上的金髮碧眼男生正在吃著剛買來的滷味喝著台灣啤酒。」

而當那個金髮碧眼的男生吃著滷味喝著台灣啤酒的時候，在背景稍遠處有幾個精心打扮背著琴袋的人走過去，他們正要到附近 Live House 表演。

以前所謂的「地下音樂」，這幾年在金曲獎這「地上」大放異彩及媒體的宣傳正名後，地下音樂似乎已從以前的地下轉名爲「獨立音樂」，逐漸褪去那個見不得光的污名。先不論這些命名遊戲的結局如何，在南村，現在還有許多位於「地下室」的 Live House，其中不乏赫赫有名的河岸留言、The Wall、地下社會等場所，以及女巫店、海邊的卡夫卡等音樂展演空間。在音樂人眼中，這些地方幾乎是現今台灣硬地❸音樂的搖籃，而在台北市政府都市發展局的眼中，很多則是遊走在都市土地使用分區管制規則邊緣的問題場所。

這些場所在沿街面上多半有別於一般店家的爭奇鬥豔，而以不顯眼的方式存在著，以看似低調或不屑的態度參與這城市街道風景的塑造，而那僅止於視覺上的，實際上他們卻用了聽覺上的音樂，營造出了另一種無形的街道生活氛圍——「聞樂魚貫而入」，每到有受歡迎的表演者演出時，總會排著長長的人龍，從地上綿延到了地上，參與著一齣齣都市實境秀的演出。

這種音樂上硬地式的自由浪漫與反動，多少有部分原因是孕育自溫州街、泰順街這一帶長久以來便有的獨立思潮。溫州街，這條台大的後巷，現今還留有不少日據時代的宿舍群及建築，這其中包括了曾爲《自由中國》編輯的殷海光教授故居，以及台灣民主運動的重要據點紫藤廬，此外，瑠公圳遺留的一小段痕跡也保存在溫州街 49 巷附近。

速度決定了眼中的細節，在這一帶最好的移動方法便是散步，然後，你會看到舊的日式宿舍與七、八〇年代的公寓式宿舍交錯對話，你會看到這裡的居民用綠意妝點著自家的陽台，你會看到成列的楓香在秋冬之際由綠轉紅，而在驚嘆之餘你也會感到可惜，因爲這裡記錄著大時代的建築很

左上：溫州街日治時期宿舍　右上：殷海光故居
下：瑠公圳遺址

多保存的狀況並不是很好，年久失修窳陋的情形處處可見，梁實秋先生的故居（位於雲和街）更是已頹圮不已，似乎再過個幾年它們就會像它們往昔的主人一樣，只存留於人們的緬懷中。目前這些日式建築產權雖分屬多個公、私單位，但政府應該更積極介入，並對這區域有整體性的保存作爲，畢竟，楓葉落了會再綠，但建築朽毀了便不復在。

當你有機會走在師大小公園的人行道上，像上述的風景與更多未述的事件會不斷地在南村裡發生著，而這些事物都將讓你不經意地駐足下來，在這裡各種不同國籍的人、各種不同職業的人、各種不同階層的人不斷地攝取他們所需要的生活養分，而這股以文化爲基底的生活風潮也自南村蔓延到了附近區域，往北吹到了華山 1914 文創園區，往南流到了公館的寶藏巖國際藝術村，而也就這樣以師大爲中心，華山、寶藏巖分立兩端，串連出了一條文化／藝／創軸線。

從師大沿著金山南路往北移動，不需多久便能到達華山 1914 文創園區，這裡有利用舊時代工業建築改造而成的餐廳、商店、展覽館、Live House，也有利用廣場綠地擺設出的文創市集，相較於南村的核心，這裡像個邊境之城，在南來北往的交通節點上，做著創意交換的貿易；從師大往南穿越公館，不久便可漫遊進寶藏巖國際藝術村，這裡更像是個在南村邊境上的山村要塞，隔著新店溪與新北市相望，這裡有著由民居改造的藝術家工作坊及展館、劇場、露天電影院、餐廳，沿著羊腸小道、沿著山勢散落在整個聚落裡。

南村、華山和寶藏巖都有一個共通的特點，它們都並不是一個「新的東西」，而是經由長久累積人文或歷史能量的舊場域，直到在被人們認同之後，才被政策劃定作爲文化／藝／創區的樣板場域，而這類的場域究竟該不該被教條化，其實仍有很大的討論空間。例如華山在發展的最初並不如現在營運得如此蓬勃，不知道是不是官方色彩太重，抑或有其他原因，運作起來總是顯得不夠靈活，直到改由民間參與經營後，整個營運有了爆炸性的發展，展覽、演唱會、文創市集、文化季、音樂季把這裡豐富得不可開交，更重要的是這些活動都是常態性的存在，無論平日或假日，都有不同的活動正在發生；而寶藏巖也在政府及民間合資的營運單位進駐後，才在這一兩年間有了全新的生命力。

對於文化／藝／創產業來說，硬體場地固然重要，但營運管理的策略更為舉足輕重，或根本放任如南村師大，利用自己獨特的DNA在無政府的狀態下自然生長、繁盛，然後最終讓都市活動回歸到生活，讓生活最後回歸到人身上。

「都市」或許也像科比意說的「建築」一樣，是個容納生活的大容器，而這個容器可以很高調奢華，也可以很低調樸實，然而，誰知道有一天這個容器被人拿去裝了酒，於是最後大家在乎的是裝在那容器裡的酒品嘗起來是乏善到讓人索然無味，抑或是香醇到在舌間跳躍，令人迷醉。

（僅將本文獻給陪我流連在南村的兄弟們以及我的太太）

王治國（Bruce Wang）

淡江大學建築技術系畢業，東海大學建築研究所A組碩士。

現任金光裕建築師事務所資深建築設計師、FUNTASTIC樂團電貝斯手。

主要參與作品：高雄醫學大學圖書館二館（2003）、速霸陸汽車3S CENTER（2007）、台北國際花卉博覽會－美術公園區舞蝶館（2008）、新加坡布其帝瑪路集合住宅（2008）、國立臺灣大學實驗動物研究中心（2009）。

其他：台灣集合住宅的未來預想圖（2011，展覽／出版）。

註❶ 這裡的文青不帶有價值判斷，而是泛指學生、藝文、設計工作者及類似族群。

註❷ 這裡的異國餐廳至少包括美式、墨式、義式、泰緬、韓式、日式、回式等多種料理。

註❸ 硬地 = indie，指由獨立廠牌發行的音樂。

深居陽明山上的日子

蔡淑君

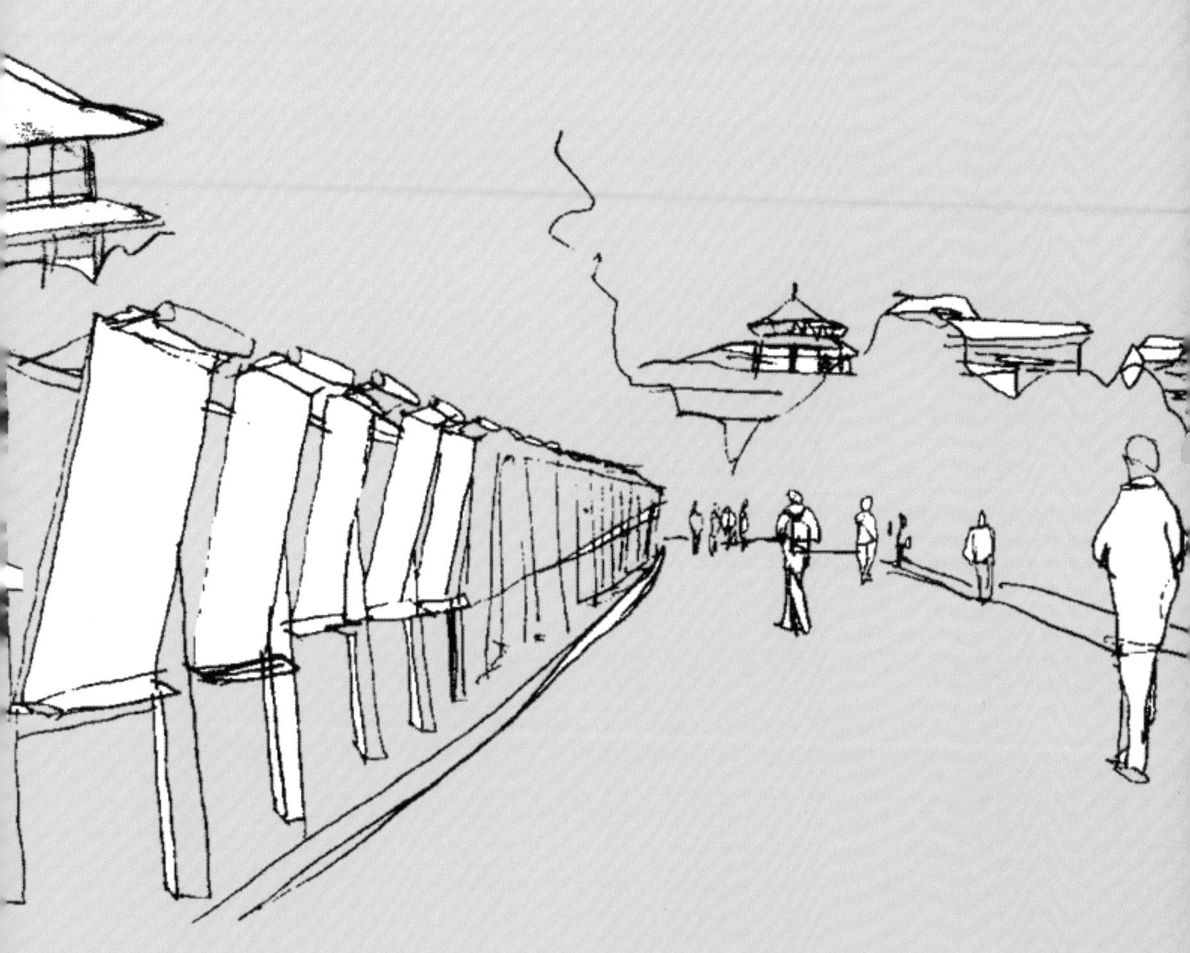

是大學一年級的散文課吧，初到台北繁華城的我第一次寫下關於台北的城市印象，那個還是用稿紙創作的遙遠年代，記憶來到多年後的今日業已斑駁，但我還記得來到台北後一直存在鼻息深處的味道。

綠油精。

「大概是每次來到台北就暈車的緣故吧。」後來才知道，那是 18 歲的徨徨。

那年夏天，綠油精。山上與山下。

很早的時候就決定念文化大學。約莫國中吧，看到三毛穿過操場將電話留給仰慕的男孩那段文字，我知道我會去陽明山上。那是我生命中少數的偏執。

比讀書更快接近台北這座城市的原因是生病，住到了石牌的榮總十七樓，夜晚來臨病房窗前是淡水捷運線試車閃爍的長龍；黃昏的時刻我會繞到山的那端，正歷經腦部手術這等重大人生事件的我，常常一個人仰望著陽明山，感覺夢想近在眼前。

終於走到山仔后已經是一年後推甄面試。從小到大的玩伴早了一年過著我想要的生活，這時他已歷經冬天與濕氣，空氣中濃重的硫磺味與陰雨大霧，氣溫刷地一下就到 4 度 C 種種哀傷不適的大學上學期。

啊，那一條通往多年想慕的華岡路，即使過了這麼多年我仍深深記得初春三月，冰凝並且穿透樹香的空氣透過鼻息，進到我身體。而青春昂然的我終於走在夢想的路上。

那年 9 月。我如願以償。住在海拔 400 米的山上寫詩。

也在那年 9 月，塞了又塞的 260 公車上，我開始隨身攜帶綠油精。

每次降落從松山機場走出，旋開綠油精的瓶蓋，台北的味道如影隨形。。。

地下之家，遊子溫柔的穴洞。

山仔后因爲大學的緣故變成熱鬧繁盛的山城核心，舊而簡單的瓦舍掛上了麥當勞、頂好、屈臣氏巨大商業招牌，青山爲幕，趿著拖鞋晃蕩或者覓食的大學生與車站前五點一到就黑壓壓一片放學人潮，這樣由遊子串場演出宛如舞台劇的一幕，多麼重要的撫藉與力量。它曾是母親角色的臨時演員，短暫卻即時供給了思鄉之人一片暖洋。

沒有抽中宿舍，我們一群高中同學或是上下屆學姊學妹總共六人，分別住進靠仇人坡很近的巷子裡、影印中心與食堂中間的地下室。三人一房，終日不見天日。

走進地下室拉開鐵門是一條長廊，分列了十多個小而小的房間。廊道的盡頭依稀放著簡略的雙槽一邊可洗一邊可脫水的舊款洗衣機。常常在深夜混著化學系男生房裡的麻將聲大搖大擺地咯咯咯抖笑。我住鐵門後第一間房。紅色的公共電話就放在廊道上，電話鈴聲一來，就要負責接然後敲門叫人聽電話，門後掩映的房內風景從

上：山頭上的文化大學曾經代表一個青春的夢想。那夢想無關分數與排名，而是來自一本書上的一段文字（攝影／趙世裕）

下：打開租居的大窗，亮出的紗帽山，是深居陽明山上最奢侈的記憶（攝影／趙世裕）

那個時候起，成爲我心裡在意的景象。那個只有 BB Call 的年代，陌生的彼此可以藉著幾個鈴聲交換房裡的風景，也成了只堪回憶的過去的那個年代了吧！

而我與高中同學住的三人房退去了桌椅床組，成了家徒四壁的房。擺上了三個床墊就是大通鋪，每人床頭擺上組合式的廉價書櫃充當床頭櫃，大致區分了私領域。一人一張可折疊的桌子，經常靠著牆壁，讀書或是用餐才拿出。自此房間大部分空間被塞滿，在床角與壁間留下細長過道。聚眾煮火鍋或是聚賭，一擠至少五、六人，有時更多，則是另一則青春的滿溢的詩。

至於房間深處，一個簡單的浴廁，兩只組合式曬衣架拿來放衣物也拿來晾衣。剩下的放置不了的衣物，我們利用了柱子與梁下的空間，拉起不知天高地厚的長線披掛著。

一夜，在室友勻稱的打呼聲中安穩的深夜，懸掛於長線上的衣物傾覆在我們身上，三人狼狽驚醒。

儘管如此，地下之家仍是我們唯一倚賴溫暖的穴洞。遮風避雨，擋去了那年冷冽霉潮的深冬。

那時候，20 歲。我仰賴著紗帽山下大雨的氣息。

校園附近的公寓們在我們上了大學的時候已經斑斑駁駁，有了老態，心心念念的校園操場變成巨大的圖書館，那是在古意盎然的中式建築校區裡，最是巍峨的存在。課後的時間迴旋過巷子與巷子錯落的煎包飲料店影印店超商等等等之後，順著大樹的方向往右手邊深深地闖入，那是一片有院子的美軍宿舍。

那時候哪有甚麼建築的體驗呢？故鄉菊島上的我們的村落或是鄰近的村落，房子大抵上從舊傾的三合院落蓋建成一樓方盒，或是二樓至多三樓的宅舍，房子正面貼上了丁掛磚，或是藍配白，或是紅，稠濁的黃，每過一個冬天就像蒙上一層灰，所以其他面向就乾脆裸露著水泥的灰。草木難生貧瘠的土壤下，庭院是水泥，沒有大草坪的啊。

因此在趿著拖鞋晃蕩的日子，順著樹走入了美軍眷區，低矮的房舍，屋前一片草皮，綠圍籬，扶桑與櫻花樹，或者在夜晚點上燈的時刻，大而寬的面寬如同生活的展示，那客廳有著巨大的沙發、書櫃，或是照片。有柔軟的布的溫暖，長而厚的窗簾。對那時猶如窩居在地下洞穴，過著沒有自然光的日子的時候的我來說，是何等美麗的建築景致啊。

而華崗路上，大約是與愛富三街交叉的那個點上；或是拐進了愛富三街瞬即右彎的路上，也有著類似的美好存在。周華健一首輕快歌曲的 MV 就是邊走在華崗路上，以那房爲背景，傳唱著愉悅的曲調。那是我在陽明山上迴旋的樂章。

半年後，搬離幽暗的穴居。 我在愛富三街下過長長的坡道盡頭，找到一個邊間小房，兩扇大大的窗戶迎接了狂烈的大雨，或是下了冰雹的冷。也迎著晴日捲起自己從士林布行剪來，上方用雙面膠固定的鵝黃簡陋窗簾，亮出好大一個蓊翠的紗帽山。

更多時候是在多雨多霧的山裡，同樣的窗前，雨水狂烈敲打的屋簷，那是一種經常性的撐了傘會被風吹毀的大雨。我經常是躺在床上閱讀，倦了，睡去。醒來再閱讀。一扇窗聽雨，一扇窗聽隔壁棟隱隱約約的閒話，過著只有陽明山上才有的自閉的文藝青春。

到了十多年後的現在，我仍然深戀著大雨。大雨的濃重氣息，像一層保護膜，深深包覆住那時候離鄉惶惶的心。

甚或記得起的一次失戀，一個人縮臥在劍潭捷運站往陽明山紅 5 小巴士最後端，大雨包覆了前方大窗，雨刷奮力的搖擺，幾乎沒有能見度。像極一個無聲擁抱。

我在那一瞬止住了淚水。

有時候不想走進回憶。因為許多美好的事物，只有成為回憶那刻，才能被永久保存吧。

和移居台南後就極少相見的兒時玩伴，透過電話詢問美軍眷區、記憶的正確性，掛了電話他在我的臉書留下：前一陣子回去，美軍眷區幾乎要荒廢了。

這個時刻仍不免感傷。我們對於建築與一座城市的記憶，在它被記憶完成的當下，也許就要朝著消失的方向走去了。一如我對同是文化人的同事提及美軍眷區，他馬上說對啊對啊就在頂好後面，一整片都是。

現代荒廢的房舍曾是我們這一代人美好的經歷，也許荒廢之後新的建築就要誕生，複寫土地的容顏與生命，傳遞給我們之後的之後的許多人。

而那惶惶的綠油精，大雨磅礡下詩意的想念，時間走過上頭，那美好的陽明山上，仍然是那個前調是空氣感的冰涼，中調混了樹香，一直儲存在體內，有時無法掩蓋地散發著，一種住過陽明山才有的香氣……

蔡淑君

菊島之女。1979 年生。文化大學中文系文藝創作組畢業，
曾任職商品文案，現為廣告企劃公司企劃總監。
2002 年開始在台南工作、結婚、育女，幸福地以寫字為生。
30 歲以後，將生命大部分放置在文學、建築、旅行中，
認為建築所謂的美好，除了形式，還有從中得到的關於生命的意義與態度。

上：午后靜靜地走過宿舍群，每個文化人應該都有著一段屬於自己的記憶吧
下：站上高高的山把城市踩在腳下。那是一段生活在台北，又不像台北的生活（以上攝影／趙世裕）
＊特別感謝一路從幼稚園到大學都同校的我的兒時好友，記錄了曾經走過的城市的溫度。

台灣近現代建築烏托邦的傳承之地

——霧峰散記

謝宗哲

每週一從家裡附近的公車站牌攔下高鐵接駁車，一路坐到高鐵台南站搭車前往台中，再從高鐵烏日站開著那輛已經開了十幾年的老車 Tercel 小綠，風塵僕僕地穿梭在中彰與南二高道路系統交流道、直奔霧峰亞洲大學上課這段不算近的路途，轉眼之間，竟然也已經持續了有四年之久呢。

霧峰速寫，在地風情

一開始來到霧峰的時候，可能因爲在單身赴任之初，只是一心惦記著剛出生的女兒與新婚不久的妻子，因此毫不在意沿途的任何景致，而只是如同例行公事般地來回於台中高鐵與亞洲大學之間的點對點距離。然而就在這不算短的四年半裡（其實我在東京也只待了不過四年半），從陌生到熟悉，我漸漸地逐漸擺脫了過客的身分，而開始願意用安靜的心情去看待這個城鎮的一切時，也就看得到之前所錯過的畫面了。

例如，我變得願意從亞洲大學的另一頭前往市區，爲的是去享受從翠綠田畝之間呼嘯而過、在田園裡奔馳的片刻快感與閒適的愜意。只不過就在這幾年裡，也有著極爲巨大的變動。在台中縣市合併之後，爲了構築起完整的台中公路網，霧峰交流道的附近突然有了宛如再現 20 世紀之初，西方各國在追索現代性的過程裡，因著對於機械主義與汽車文明的憧憬下，所描繪詮釋而成之立體公路系統的超現實風景。

這該稱之城鄉差距的段縮、或現代文明的演進與田園城鎮的融合嗎？不過當我進一步重新得知霧峰從清朝時代就有著林家一族所建立的風華，以及國民政府遷台之後將省議會設置於此曾有的冠蓋雲集，更搶先在中興新村之前就參考英國花園城市概念興建了二次戰後的第一個新市鎮——光復新村而曾風光一時之後，對於安藤忠雄設計的台灣一號安藤建築——亞洲大學藝術館會降臨在霧峰，也就覺得具備某種正當性了。

畢竟霧峰這個既帶有田園景致又鄰近周遭群峰的所在，從過去到現在

就有某種追求烏托邦的強烈實驗性格與熱情存在的啊。

霧峰，其實除了我剛才提到的那個很超現實的「未來意象＋田園景致」的奇觀之外，在日常生活會比較常流連的便是全台灣到處都有的中正路，而整個霧峰的市區，便是沿著三號省道周遭線性繁殖而成的典型台灣鄉鎮樣貌而充滿活氣。除了和其他鄉鎮同樣因著天高皇帝遠與鄉下民眾充滿人情味與隨性，而使得這條中央街道總有著各種車輛爲了一己之便的「借停」，倒也在某種相互接受的寬容下，呈現出一種有別於都會區那份嚴謹交通規則轄制下的有機景況。也許節奏相對慢了一些，因此生活在這裡的居民有一份相對慢活的閒適與耐心。

不過，比較令人震撼的還是整條長約一公里多的連棟帶騎樓的商家，卻在當年社區總體營造的浪潮之下規定使用完全同樣尺寸的招牌。這類對於整體秩序與整齊畫一式之美學的憧憬，或許也是這個地方性城鎮對於現代性的探索所留下的足跡吧。只是當那份均質性美學的潮流不再流行之後，這樣的都市風景也就顯得有點過氣而尷尬了。

建築實驗場：921 地震園區與它身旁的光復新村

有意思的是，就在我一直到最近終於有了「長住」霧峰的打算，而決定找個可以好好運動的游泳池之後，我才鼓起勇氣開始了在霧峰的城鎮漫遊與散步，鑽進中正路另一側的街廓中那條與它平行的小路裡，而有了與這個城鎮的另一邊、也就是靠近山麓的那一側更密切接觸的機會，這才讓我發現原來大名鼎鼎的霧峰林家花園就「藏匿」在這一帶。

雖然我一直以來對於中國傳統建築帶有某種抗拒與偏見，而未曾好好地想進到裡頭一探究竟，但是每當要前往位於它後方山腰的游泳池而開車經過的時候，總會因著從它占地幅員之廣與透露出那股中國經典民居宅邸的沉靜氛圍，而感受到這個城鎮的另一種韻味。這麼說來，這就是台灣開發之初，一些具有影響力的地方士紳在中台灣的重要據點哪。

所以，如果在回想起現在的台中市其實是由日本人所建立的新城市，那麼霧峰甚至可以說擁有比它更爲長久的歷史，而能夠被視爲中部文明開始的所在吧（另一個則是比較偏北的豐原）。然後，或許有點後知後覺，也正因爲它具備豐厚的歷史人文與絕佳的地理位置，而讓當初的省議會，以及以英國的花園城市爲範本的光復新村能夠早在 50 年代就在這裡被建造起來的吧。

事實上第一次來到光復新村，是在偶然之下成行的。畢竟霧峰另一個聞名遐邇的重要建築景觀就是 921 地震園區。1999 年的 921 大地震雖然對霧峰這個城鎮幾乎造成毀滅性的破壞，但也因禍得福地讓這個地方有了新建築的誕生與造就的機會。

邱文傑建築師的作品在當初那場風起雲湧的激烈建築競圖中脫穎而出，創造出以遺跡與特殊結構並存，來作爲警醒世人之展示空間手法的建築奇景。爲了一睹這棟傳說中的建築來到這裡，卻在結束了建築聖地的巡禮之後，發現它身旁的那個優雅的住宅社區——光復新村。

走在光復新村那種尺度的社區巷道裡，給了我某種莫名的悸動。那是一股難以言喻的、心動的感覺。那或許是所謂的「既視感」，因爲我從小長大、位於台南市南門路巷子裡那個記憶裡的老家，也有著相似的氣氛，更何況在那不遠的附近也有個叫做水交社的眷村，在某種程度上也是這種花園城市系譜下的產物，因此對於這種有著中小學、有著市場而爲蓊鬱的綠意所包圍的新市鎮，有著莫名的親切感，但也因其某種特殊的領域深度而往往讓我卻步（很可能是小時候曾經誤闖某戶人家的私領域，被他們家的狗狂吠與追趕所造成的陰影）。

不過另一方面，我對於在住戶之間的那些介於主要道路與小巷之間的中型巷道，有著無比美好而眷戀的回憶在。那兒有著人們心目中所嚮往的那種帶有斜屋頂的平房式家屋，也有給人一種無以名狀之懷念感、若隱若現而恰如其分地區隔著每個住戶單元

上：被茂密綠蔭所溫柔覆蓋的光復新村街道
下：令人莫名懷念的住宅風景

領域的紅磚牆。

紅磚牆之間是剛才所提及的那個作爲主要交通動線的巷道，那樣的尺度就現在看來，想必是符合人性尺度的產物而令人感到親切友善的規模，但對於小朋友們來說其實是寬敞的，大約是可以容納兩部車通過的那種大小，而得以作爲遊戲場。

在我的童年時代裡，我們一群小孩子總是趴在那樣子的道路上挖幾個簡單的洞，然後就開心地在上頭玩起彈珠遊戲，便足以度過一整個美好的午後。約莫在太陽快要下山前，就開始有些攤販從巷口推進來所有人之間，我們就圍繞著那拖車，用零用錢享用著一碗冰涼的豆花、一個熱騰騰的包子、甚或是幾隻剛煮熟的黑輪甜不辣。那時候，家家戶戶的媽媽們就在旁邊湊在一塊兒，一邊看著孩子，一邊天南地北地聊東聊西，等著孩子的爸下班回家吃晚飯。那也許可以稱之爲台灣版的「幸福的三町目」，而我竟然在這個有著建築烏托邦之殘像的光復新村的街廓裡，彷彿看到了那幅自己也曾經置身其中的幸福風景。

亞洲大學的奇遇

眞正與霧峰發生密切關係，其實還是奇蹟似地在取得博士學位後半年、回到台灣便取得亞洲大學的這份教職。話說回來，我對於霧峰的認識，在一開始可說幾近於零。唯一有些許朦朧的記憶，是我在大學時代曾有一度要前往東海大學時，因著在台中火車站前搭錯巴士，後來環顧四周發現沒有任何熟悉風景、懷著不安的心情、發現來到省議會之後，才察覺自己已經跑到這個我未曾涉足的霧峰——這個「荒郊野外」的驚悚記憶（事實上也沒有甚麼好怕的）。

雖然早有耳聞亞洲大學是以仿西方古典／巴洛克的建築風格所興建的全新校園，不過當時要趕在 1 月 31 日前往亞大人事室報到，在整個過程中之空間體驗的震撼依然記憶猶新。

從下霧峰交流道之前就可以看見亞洲大學斗大的招牌，以大無畏的姿態宣告了其本身的存在。但是進到市區，卻必須經過曾經是田埂的迂迴小徑，在開著 Tercel 小綠左拐右彎之下，經過一個類似隘口處，才猛然發現它以佇立在身旁的那份壓倒性的氣勢，仔細一看，那是個開放式的入口廣場。

雖然在尺度與規模上難以相提並論，不過仍隱約可以察覺這個作爲門面、以科林新柱式所構成的立面與柱廊元素，就猶如羅馬梵蒂岡的聖彼得大教堂前的廣場，可以說在精神向度上凝縮了西洋古典建築的精髓。而爬上階梯俯瞰周圍，的確可以遙想聖彼得大教堂作爲羅馬古城之磐石般的恢弘氣度。其他的館舍也都可以看到有著西洋古典建築柱式與山牆，而且也

亞洲大學行政大樓與其入口廣場

有著將萬神殿造形加以抽象化來作爲入口門廳的操作。最令人印象深刻的，可能還是佇立在校園入口廣場前另一側、以羅馬競技場的語彙作爲過度空間皮層的體育館。

對於身上留著現代主義建築血液的我雖然不由得的一陣暈眩，但是很意外的是，到處可以看到拍著婚紗照的新人，此起彼落地從這幅仿擬歐式校園風情的畫面中出現，甚至還作爲台灣中部地區重要地標性建築物而享譽全台。這讓我感受到台灣這座島上的多樣性，同時也感受到原來身爲建築專業、體內留著現代主義血液的我們這些「建築星人」，在美學品味與一般民衆或其他領域的菁英在價值觀上仍有著一段相當遙遠的距離。爲了消弭這樣的鴻溝，身爲建築人的我們或許還有著一段漫長的旅程得走吧。

台灣安藤一號建築的降臨——亞大安藤藝術館

這麼說來，校方特別邀請安藤忠雄所設計的亞大藝術館對我而言，便是可預見的最大救贖。

亞大藝術館分三層樓、共 1030 坪。除了以清水混凝土的 texture 所蘊涵的陰鬱禮讚及表現出的純粹抽象性之外，安藤在本案中將正三角形的平面分割成三層，再錯落堆疊成不規則的無數個三角形的展開。藉由平面分割而成的立體戶外平台，之後將變身爲露天咖啡座、雕刻台、展望台等機能。

而基地就緊鄰著 921 地震園區這個強震威脅地帶的環境條件，讓安藤顛覆一般直立式的柱子，而以「斜」的 V 型柱來作爲整體空間的主要結構，除了能夠同時應付水平與垂直兩向度的受力之外，以 V 形鋼架構造而成的空間及玻璃窗，也都呈現三角形而讓設計的主意象得以延續，而 V 形鋼架支撐突出的懸臂下部空間，則形成了如巨大的 shelter，而得以塑造出入口的意象與面臨廣場前的休憩場所等公共性領域。安藤館整體造形洗鍊而銳利，位於亞大入口廣場旁而與既存的校舍產生了一種古典與前衛對峙的空間狀態。

然而，在迎接安藤館降臨的過程裡，可以說是辨識「好事多磨」這句話的最佳寫照。從我剛來到這所學校（2008）參與過重要的細部設計發表與數次興建委員會之後，一直到正式開工的 2011 年 1 月 24 日爲止，可以說有整整接近三年是將近停擺的日子。而也一直到後來參與了 2011 年之後的安藤工地現場展的策畫之中，才終於了解這當中的血淚心酸。

對於霧峰原本的許多陌生，在這其實不算短的時間裡逐漸轉變成習慣，每週的 week day 的夜晚，在這個窗戶可以看到亞洲大學行政大樓及安藤館工地的套房裡度過的這件事也早就變得無比自然。我在無數個忙碌的白天與黑夜裡，茫然地遠眺著安藤館的樣貌與容顏，看顧著它一點一滴地「長大」，但也總在忙到一個段落，回過頭來才發現它在 2012 年 5 月的現在，也已經蓋到最後的第三層了。

在最近的一次工地現場導覽行程當中，我從安藤館的卸貨空間進到了安藤館，一邊閃避著還在持續進行內部裝修的鷹架，終於來到了未來的安藤館大廳裡。那兒雖然仍舊存留著施工現場所固有的喧騰與嘈雜，但是那樣的聲響卻帶著著無比開朗的心情，即便正忙碌地趕工，但彷彿已經可以看得到安藤館落成、如同就將走完最後一段路、而充滿著迎接建築誕生之時的那份正向而充滿盼望與祝福的氣息。

完成的清水混凝土牆隔著透明的養護塑膠布透露出沉靜而深邃的色澤，在這個挑空的大廳空間，我彷彿已經聽到它的胎動與呼吸。V 型柱除了延續正三角形的主題，更讓安藤館的立面有足夠的穿透性，而得以和創造出與周圍環境空間序列得以連續的自然地景。亞洲大學的校園從這裡看，竟然也變成了安藤館展示框架中之 Collection 的一部分。

這時我才意識到，安藤館除了作爲藝術性的物件佇立在這個基地上之外，更可貴的或許在於它也成了一個得以讓人們重新看到校園與環境共處、與自然交往的一個絕佳的媒介。

安藤忠雄曾經在其重要著作《安藤忠雄的都市徬徨》一書中提到：「在

工地現場這個即將完成之前的中途狀態，是建築能夠擁有最美容顏的一刻。」

從 2011 年 1 月 24 日開始施工的安藤藝術館，即將在不遠未來的 2012 年 9 月完工了。因著它，而讓身爲旅人客居在此的這段不算短的日子裡，得以親眼看見建築邁向完工過程中、由淚水與汗水交織而成、作爲建築歷程中最美的每一刻。逐漸邁向建築竣工的終點之際，似乎也到了不得不與安藤藝術館的建築青春期作出告別的時候。

我相信這個嘔心瀝血的建築鉅作，必將一舉扭轉霧峰一直以來作爲城市邊緣地帶的角色，而成爲台灣當代前衛建築聖地的重要原點。但願霧峰這個有著深厚人文地理歷史的所在，能夠永遠保持著對於建築烏托邦的追尋，持續未完成的文藝復興。

最後，在有著深刻感動的同時，也才發覺當初剛來到亞洲大學時那個還抱在自己懷裡的女兒，也已經快要 5 歲了呢。無論是建築與人生，我想都該珍惜這些難以被取代而彌足珍貴的時時刻刻吧。

上：遠眺一樓已經完成的亞洲大學安藤藝術館
中：邁向完成之過程中的建築，是最美麗的
下：亞大安藤工地現場展剪影

油水殖民誌

——高雄油廠宿舍的刺鼻風味與甜膩觸感

沈憲彰

C1
C2

對我這個台南人來說，到高雄的距離與便利性存在著一種彆扭的尷尬，處於曖昧的中介裡。除了那幾年熱血還在的青澀年代，可以跨上機車就往高雄跑，用省道串聯台南和高雄，否則對於北高雄是毫無輪廓可供描述，大概只記得左營大路等霸氣路名，陪襯著繁盛的街景民生。其餘那些在圍牆內的灰色工業，在我腦中就自動掛上「高雄有很多國營事業」的印象，是油是船是鋼還是加工出口區，不清楚也從來沒想要弄清楚過，印象就如半屏山的水泥一樣灰濛一片。

直至2008年高雄捷運開張之初，我就急欲套用台北捷運的便利流暢感在高雄地圖上，想了解如此的移動將壓印出如何異於以往的高雄紋理。為了強調搭乘高捷的初體驗，即使還有十餘站才進到市區，也刻意在橋頭火車站就下了車，轉搭平行的捷運，如果不這麼做，高捷的風景就只剩地底讀秒頻率閃過的流星白光，多用些車資換來居高臨下的新鮮風景，非常划算。

一路上從橋頭糖廠到蓮池潭，都在過期的記憶裡打滾，廢棄的糖廠鐵皮廠房，青黃鐵鏽斑駁的如水墨暈染灑在浪板上；蓮池潭上的龍虎塔與春秋閣原來是兩回事，一共四條龍虎蟠踞在水面上相互較勁。這些都是從腦子底層裡挖掘出來的郵件，並且是父母親間接副本給我的，並非由我親撰的字句組成。

而世運站伊東豊雄的世運主場館就是未讀郵件了，即使當時還隔離在施工圍籬中，但露出頭的編網狀鋼構已經繞起運動場，建築情報狗仔則職業病的舉高了相機，但作賊心虛加上使力歪斜的影像，瞬間無心戀棧，刪除與伊東交纏的眼神，速速離去。

原本已經踩上手扶梯就此搭上捷運前往下一站，不過隨著手扶梯漸次升高，視線也越過一旁緊鄰的圍牆，牆內的古意屋瓦比稍早前凌人的金屬網眼友善得多，暗示著過剩的恬靜：進來坐坐（招手，陌生人？）誰們的生活，誰們的日常，誰們的房子，誰們的街道，是我的陌生人。如桃花源般，恍惚之間就讓洞口領去。

當我隻身初見那花花世界，就在心中醞釀起陶淵明的字句欲向外人道，說是花花世界是想表達感官的驚嘆，是往內裡鑽進的花花世界，而非像煙火般大鳴大放的噴發景象。直到步出洞口才又夢醒，方才歷經的是海上島嶼？是玻璃溫室？還是楚門世界？嫩黃、粉藍、蒼白或透明，從色光揉合成一股味道，讓我記起帶走，上了捷運也以一個不符合人體工學姿勢，扳著車窗透過玻璃攝下最後一張影像，貼上備忘錄「油廠宿舍」，一心一意期盼著下回分解。

桃花源的記憶擱置了幾年後，有緣在工作的學校認識了一名出身中油子弟的學生L，他說他家就住在那，只不過是在馬路的另一邊。原來不只我看到的桃花源，更像「殖民地」分起了階級，也差別了待遇。一個小世界在捷運沿線的右昌路、左楠路延展開來，周邊有個分界，而那條線的裡外足以令人判讀出明顯的差異，裡面的人不一樣，是不同身分。

群居是爲了某些更好或更差的理由，孟買貧民窟是這樣，杜拜棕櫚島是這樣，中興新村是這樣，台南監獄也是這樣。人們劃地而居，被迫自願或不知所以，就是在彼此間畫上括號，把自己與別人隔離，然後得到一個貼身環境的意識形態。

「殖民」一詞下得激烈，但不過就是一群主導者與一群附和者的關係，「殖民」就只是豢養一群人的生活。自願或非自願在其中就屬一個曖昧的關鍵，若我鬆開狹義的殖民語意，「中油的確藉著一個國家的力量，用一個事業、一片土地養了一群人，土地上的人爲之效力，並愉快或不得已的生活在其中。」如此而已。

L 說這裡將抵不住時代的風化，若未來居住者擁有了土地權，平房就可能拔地蹶起，木構日式房舍可能被貼滿二丁掛的洋樓甚至大廈取代。若利益掛帥是不可擋的趨勢，那麼至少我們現在能夠好好的留下這一段歷史切片，L 特別抽空南下帶我和 K 走進他北上求學前的生活。

我們從楠梓加工區站出發，捷運月台彷彿高塔挺拔了視野，油廠高聳的煙囪和白煙像蕾絲在半屏山腳鑲了邊，宏毅社區如裙襬般攤開在平地上，高捷就在社區的另一邊界沿線拷克。出站即看見平房的前院已經暴露在大馬路邊，手扶梯高度視線直射民房客廳，神明桌也一目瞭然。臨站舊有的圍牆已經拆除，這是高捷劃過北高雄確鑿的痕跡，沒有開腸破肚也是削去了一層皮肉。

L 的爺爺是中油的消防員，屬於工員階級，配有宏毅社區內的平房連棟宿舍一戶。比起左楠路對街職員階級居住的宏南社區，宏毅社區更緊鄰油廠，從成排的平房到沒有電梯的四層公寓，房舍連棟密集稱得上挨家挨戶，不過道路公設寬敞，小公園、傳統市場、游泳池、活動中心，連教育系統也從幼稚園一脈相承到國光中學，是個獨立封閉的生活圈。L 說是因爲中油到此設廠後勁地區才開始繁榮起來，這些封閉圈內的生活機能就是爲了補強周邊的荒涼。現今荒野長成了綠洲，滋養了森林，圍牆內外成長競速的曲線不同，兩方眼光的高低也有了落差，這些善意的援助彷彿成了

特權待遇遭受質疑。

除了部分房舍有如齒列不整的失控於成排平房中以外，殖民者盡責控制了速度，界線內的時間彷彿流逝得較慢，也許就因爲封閉的環境讓流動減緩，我們外來者就好像回到數十年前。活動中心的圓拱門、迴廊、延伸出建築體的水平帶狀飾牆，皆非等閒設計，處處埋伏細膩手筆。幼稚園的集群六角蜂巢教室，當年堪稱非常前衛。國光中學竹銘館的傘狀結構、木作欄杆、幾何窗格、平緩樓梯，我們猜測這一定也來自大師之手。

看著國光中學的學生穿梭在那極度優雅的校舍中，讓我回想起在東海校園的那幾年時光。操場上學生正在練習大隊接力，反覆的接棒練習、揮動體育服袖子上非中油人也熟悉的藍綠白相間配色，雖然都是義務教育下的中學生，但還是漾著不同的光彩。這些建築，這些人，都不太一樣。L打趣著說：「運動是國光學生的強項，因爲他們最會『加油』了。」

L是再稱職不過的解說員，將居住於此近20年的日子，分段拆解展示給我這外來者。家中隱藏的閣樓、兒時在接駁車站趣事、屋前的防空地下室探險、市場傳統味的肉羹早午餐、陽光奢侈的室外游泳池等如數家珍，

途中遇見了久違的同學和鄰居，閒聊寒暄之際，我和K是觀衆，在步行距離中快速串接成一個少年成長的連續映畫。

從後昌路越過左楠路，經過整齊標註編號的三百二十戶和國光聯合診所，時間已過正午，這趟建築之旅比我們預期的盛大，早上在市場吃的美味肉羹，能量已經隨著腳力流失。

我們從側門切進另一個宏南社區，比起工員住的宏毅社區，屬於職員的宏南社區相對「豪華」。越接近社區中心，就明顯嗅出階級的味道。密度更低、更隱私、街巷更靜瑟、建築更講究。大抵來說，獨棟的平房別墅都繞著一圈綠帶庭園與道路相隔，平面車庫就在門旁庭園一角，一戶戶就像圖塊一個個置入圖紙空間，綠樹成蔭，植栽修剪得宜，門柱前繫著寵物看家，家家戶戶彷彿都擁有童話中的美滿生活。連該有的運動設施也比對街跳了一級，室內球場、室內泳池、網球場，甚至九洞高爾夫球場都有，雖說公共設施都是共享，但想必此地居民的光暈又更炫目了。

公配的獨棟別墅並非只有一種型態，斜頂藍色雨淋板木造房舍、極簡白色方盒切出細窄開窗，紅磚、木造、白漆、洗石子，同時並置了幾個不同時代，但即使當時最新潮的至今也已經吞吐了數十年光陰，因此彼此間並不衝突。也許因為大量時間協調了彼此，許多傷口也得被修復，優雅建築常被貼了狗皮膏藥，不搭軋的鐵皮屋頂或鮮豔突兀的外牆新漆，點點滴滴的都在瓦解關於歷史和創作的風景。是不夠珍惜嗎？或是沒有能力判讀這些房子的不同？或許我也不該責怪這些只是日常瑣碎中的修補，非常單純的出手落得我這外來者的批評，著實嚴苛了些。居住者是你，攝影者是我，住破屋子的不是我，怎能道你不是。我捍衛房子的正義感由何而來？是評圖場上刀言劍語的刮削剩下的潔癖。還是我該說，這些修補也是創作，也是歷史，也是你的日復一日？乾淨無瑕的底片豈比得上雨天客廳電視前漏下的一滴雨。

從網路裡搜尋起排序歷史，想看出一棟棟房子間的身分脈絡，資訊是條條羅列眼前。從日治時期、國民政府接收時期、國家資本擴建時期到民營化產業轉形期；日式、美式到現代風格建築；木板到混凝土；平房獨棟、雙拼到高層住宅又個體增生；隨腳步從左至右矗立。從字面上是被明顯劃分了類別，但旅行眼界所及何等扁平，僅是不同材料與形式的組合，所有將官、職員、職工的階級族群情仇，都擋在玻璃櫥窗內，重疊投影在視網膜上成了畫面，伸手是探不到深度的。想鑽進過往還是得靠掌上虛擬的引擎搜索。問自己闖進這段舊時光裡，只是貪圖朦朦朧朧的感官滋潤？或是個學者還是研究生得大標小標的將之嵌進文中？建築專業是拿來豐潤生活感受？還是拿來品頭論足墊高鞋下高度？

當建築風格隨著時代名稱漸變，封閉的氛圍讓一切動作溫文遲緩，即使向現代主義妥協靠攏，黑瓦斜頂最後還是保留了若有似無的緩緩傾斜。日式地板的架空在美式宿舍裡被填得堅實，但風還是轉頭吹進了沿用下來的通氣窗。到了後來公共建築和步登勞宅讓台灣第一代建築師造得滿室優雅，漏窗、平板初挑、造型遮陽、圓拱開口迴廊，休閒、購物、教育、起居，即使是現代材料也不忘住民與空間的互動情趣。當時人們透過建築說的話，含蓄謙虛得令我羞愧。

雨淋板上的藍漆如幼年青澀，廢棄防空碉堡陰森如昔透不進日光，孩童和同伴玩著躲迷藏時，白色短褲擦過轉角時沾染了一抹土藍，洗不掉了。多年後搬離祖父的宿舍離鄉求學，短褲穿不下了，笑聲尖叫猶在耳邊盪起回音。建築一點都不急躁的悄悄繁殖，環境一點都不苛薄的寬大包容，他們是過得如此輕風吹拂綠蔭掩映的日子。我竟還想條列分明出所以然，免了吧。看高雄捷運高架擦過黑瓦斜頂當下的怵目驚心，免了吧。我不忍預想 2015 年中油遷廠後的楚楚面目。

L 說，現在住在這裡的許多已經不是中油員工，桃花源凝住的時空已經漸漸替換質變，本來的人和房子老了，先者離去，乍到的眼光也非自身由衷而來，看見的是廢墟，看見的是空殼，缺乏內容物，所以廢棄，所以匆忙修補，所以荒蕪。就像電影「賽德．克巴萊」費心打造的霧社場景，再考究、再細緻，還是不能居住的模型，只能充當比起勝利手勢遊客的佈景板。宏南社區也常在偶像劇或歌手音樂錄影帶中現身，賣弄點復古情懷，彷彿身手還健在。

在人去樓空之前，甜味尚存，中油長輩還在年輕人要上班的週間在綠得發亮的高爾夫球場揮桿，孩子們還是從油廠國小放學後走路回宏毅社區的家。至於日後可見的崩解勢必發生，殖民年代告終也是歷史常態，異質時空就此同化於北高雄。若美麗弧頂的室內球場頹圮坍塌，木地板中線上中油標誌的火焰也就靜止在那個瞬間。待日後人們考古起這段時間遺跡，就只能靠拼湊零碎的殘片憑弔當年。

最後我們走到宏南餐廳旁的販賣部，買了 L 大推的中油冰棒。冰棒在北迴歸線以南的夏天溶得很快，冰棒露出了桂圓果肉的突起，咬下甜美的果肉後，才剛被舌頭撫平的表面又出現了新的凹孔，不過沒多久果肉、冰棒、凹孔也不再計較先後，待冰棒棍上的甜膩汁液也被吸舐殆盡後，冰棒曾經是冰棒也不再是冰棒，怎麼的甜膩觸感和哀愁都抵不過無窮盡的欲望。

大肆朵頤冰棒後，才想起這怎麼該是中油的產品？糯米、水、砂糖、太白粉、桂圓、米酒、乳化安定劑，怎麼用力也牽扯不上和中油的關係，每支正負 75 公克的美味也在胃裡開始冒出些許刺鼻的問號。

桃花源還是殖民地？是甜膩是刺鼻？無聲的矛盾持續，高聳蠻橫的捷運站像隻張牙怪獸霸凌著一線之隔的恬靜小屋。不會錯的，一旁廣告旗幟飄揚著：「中油冰棒，台灣最棒。」兩句話也爲這段甜膩的殖民史下了最權威的註解。

沈憲彰

筆名船橋彰，魔羯座 O 型台南人，不吃水餃，擅長做令別人羨慕的事。

輔仁大學應用美術學系藝術學士、東海大學建築研究所建築碩士。

三十歲離開建築事務所，旅行成為生活信仰，並持續書寫文字風景——平面風景事務所 funabashi.pixnet.net/blog。

好非主流價值下的亞洲人文風景，並以影像及文字創作重述旅行空間形貌。實驗亞洲旅行信仰倍增計畫，在生活中漸進擴張旅行比重，企圖以旅行維生。

曾獲 2009 第四屆 BENQ 真善美獎二獎、2010 第二屆旅行的意義首獎。

現任大葉大學空間設計學系兼任講師及自由文字、影像及設計工作者。

著有旅行文學《印度以下，風景以上。》（2011.11 / 貓頭鷹出版）。同年於台北舉行「船橋彰印度旅行文件展」。

台灣曼哈頓

——台中港路所串起的建築回憶

謝宗哲

對於台中有比較清楚的印象，該是讀大學之後的事了吧。雖然小時候有過一次和家人搭火車前往台中旅行的記憶，但是約莫還留在腦海裡的印象，是我坐在火車座位前的踏板，吃著年輕的爸媽用塑膠袋裝著牛肉炒飯還是燴飯餵食我的記憶。那是我許多美好幸福家庭兒時記憶的片段之一。所以勉強說來，那應該是台中車站與台中公園周遭仍享有風華的年代。

接下來對於台中的親密接觸，應該就是考完大學後、大學開學之前，當時成功嶺大專青年集訓仍是每個夏天重要戲碼的年代，總會在放假離營時在台中街頭布滿著綠色螞蟻（當然我也是其中之一）的蹤跡。成功嶺專車巴士會把我們放在幾個點，我還記得就是台中車站的第一廣場附近。然而，終於知道這個入口是以玻璃金字塔所構成的第一廣場，竟然就是剽竊自當年華裔美國建築大師貝聿銘先生在巴黎羅浮宮美術館、震撼全球的經典作品的 image 時，卻已經是上大學很久之後的事了。

台中早期最受矚目的重要建築，毫無疑問地，應該就是台中車站了。這個日治時期所蓋的西方樣式主義建築，據說是目前最接近原貌、並仍持續健在地活躍中。然而這個在 20 世紀初的優雅車站實在難以吞下在 20 世紀末所變成的好幾倍人口，因此唯一的記憶是買票時總得被擠出建築本體外的走道之上，對我來說，車站本身還不及於站前廣場那個圓環來得更有印象。我總會在那兒等著我的好友，風塵僕僕地騎著豪邁 125 來載我沿著中港路一路直奔當時他所就讀、以及我因著某些莫名其妙的原因而未能前來就讀的東海大學。

雖然一直都知道東海大學的校園規畫與坐落其中的路思義教堂，堪稱當時的台灣當代建築聖地，但是對於一個剛上大學的毛頭小子的我，其實更熱中在夜裡穿梭於東海別墅的小型電影院看歐洲電影，或是逛有人文氣息的東海書苑及隱沒於藝術街裡、蔚爲風尚的咖啡店，和好友孟宗談著社團的二三事，或者屬於少年維特式的煩惱等等。

台灣現代建築聖域：東海大學路思義教堂

眞正越來越覺得東海是全台灣最接近建築所在的這件事時，其實已經是夕陽無限好，也就是終於認眞思考將來的路，覺得這輩子應該好好走建築這條路的大三下了。那時的我，或許因爲讀的是土木而未能碰到日後眞正喜愛的建築，讓我對於建築的渴望得以持續加溫吧。這麼說來，有時候也的確是有過未能得到的苦悶之後，才能夠理解眞正擁有的可貴吧。現在的我，似乎也能老氣橫秋地一邊啜飲著咖啡，一邊搔搔頭地輕嘆說：「這就是人生啊。」

那麼眞正讓我的建築人生得以加速的，的確也就是這個大三的關鍵年代。那是 1995 年，日本發生了阪神大地震、東京地下鐵沙林毒氣的一個類似轉折點似的年代。而在台中所發生的，就是位於文心路與台中港路交叉口那個街廓中舉辦了「台中新市政中心國際競圖」這檔前所未有的建築盛事。我和好友早就對於席捲台灣已久的後現代主義建築狂潮倒盡胃口之際，台中新市政中心首獎作品那個極簡到不行的玻璃盒子，就宛如是我們的救世主一樣在那一刻降臨。

不久之後，又傳來了台中車站干城地區的再開發案由日本丹下健三建築事務所贏得首獎。我高興得幾乎和好友孟宗相擁而泣，甚至慷慨激昂地半開玩笑說，如果到時候找不到工作，就算是到工地現場幫忙搬石頭或做工都甘願。那時候我總會默默地激勵自己說：「人在土木，心在建築哪！」

擁有純正現代主義血統的台中新市政中心

然而，人生的路總是峰迴路轉。我早在高三就宣誓說無論如何不讀成大，沒想到不僅讀了成大土木之後，竟然又考取了成大建築研究所，總算一嘗渴望學習建築的宿願。

多年之後，當我已經取得成大建築碩士學位、甚至已經服完了替代役之後，我總覺得仍舊有些許遺憾，於是我再次甄試進東海建築研究所，眞正地回到了我所認爲、全台灣最接近建築之地方的東海建築。

或許就是和台中這個城市有著難以割捨的情懷與緣分在吧。所以，即便我幾乎同時取得東京大學建築博士班的入學許可，但我仍舊用盡全身的力氣來 enjoy 在東海建築中的點點滴滴。我終於眞實體會到這個建築聖域中精實的建築訓練、充滿批判與省思的建築理論課與專題研討等等，當然更包括偶爾以哲學家式的情緒，漫步在貫串了早期校園中軸線的文理大道，以及得以在路思義教堂裡對神禱告的聖誕平安夜。

去了日本之後，原本以爲我已經告別曾經所想望的東海建築，但不可思議的是，一股無形的牽絆仍然將我的建築修業之路與這個地方緊緊相繫。除了與日本建築家小嶋一浩所合作的高溫多濕氣候型實驗性集合住宅 Space Block Tainan 有了初步的成果，我就馬上回成大與東海舉辦 workshop，進行深度的分享之外，另一個重新連結起我和東海、或說是台中這個城市密切關係的，便是伊東豐雄的台中大都會歌劇院。

我記得那是 2005 年，在東海時期的恩師曾成德先生邀請我擔任伊東豐雄在台專題演講即席翻譯，於是我拴緊發條，在進行準備工作不到一個月的時間，把可以收集得到的伊東豐雄資料全部讀了一遍。我甚至一直到現在都還記得第一次在新建築社社長吉田先生引薦之下，於青山伊東事務所見到伊東先生時，內心的興奮與緊張到滿身大汗的情景。

總之，後來因著透過翻譯與伊東先生有著完美的默契搭配而贏得其信賴感的我，因而很榮幸地受邀參與台中大都會歌劇院一案的設計相關協調工作，而有了經常往來於台中與東京之間的一段時光。

這個被伊東暱稱爲聲音之涵洞的大都會歌劇院，採用了有別於一般水平樓地板、類似鐘乳石洞穴般的組織所構成。簡單來說，如果當初伊東在其名作仙台媒體館一案中是想透過垂直向度的管（Tube）與水平樓板的結合，來創造出讓建築內部直接接觸外在自然的媒介、讓有機的管狀空間來創造出內外交融之狀態的話，那麼台中大都會歌劇院，則是讓垂直與水平的向度上都以管的空間元素彼此纏繞組合的全新進化版。那是一種在乎人們身體感覺的、有機的、讓地景與建築融合在一起的空間系統。伊東表示他不僅只是要創造出一棟融入都市涵構的建築，而是打算讓這些管狀的建築空間與都市同化，並完全融在一起的全新城市風景。

不過妙的是，我一直到很後來才知道原來台中大都會歌劇院的所在地，其實就位於那家台中港路上、據說是全台業績最好的新光三越百貨的不遠之處（惠來路，也就是現在炙手可熱的豪宅一級戰區的七期重劃區）。

這麼說來，我的確是在好幾年前的東海建築時期就在那附近閒晃了。除了因爲新光三越裡頭有誠品書店而讓我經常造訪之外，同樣位於七期的另一棟全白的購物中心——老虎城也是我經常駐足的所在。之所以喜歡去老虎城，除了它也有著極爲簡潔的量體之外，最吸引我的應該是它的L型平面所圍塑出來的開放性廣場。雖然這種藉由退縮所形塑的多功能廣場空間在國外早就司空見慣了，但坦白說，有意識地去經營一個作爲主體空間的「虛空間」，這在當時（2002）的台中恐怕還是頭一遭。

因此在還沒有辦法展開我的世界都市徬徨之旅的那個時候，我總會流連在那兒來舒解某種在建築體驗上之不足的遺憾。而我個人印象最深刻的是 2002 世界杯足球賽的英格蘭－阿根廷一戰，我記得自己便是在老虎城的廣場上，和一大群陌生人盯著掛在牆上的大螢幕，一邊嘶吼，一邊吶喊地度過美好夜晚的（雖然我支持的阿根廷還是敗給了英格蘭……）。那或許是我在前往東京留學之前，所曾經嘗到過最美好的城市生活片刻了吧。

2006 年底，我在驚濤駭浪中提出博士論文，並且於 2007 年奇蹟似地通過了論文審查取得學位，結束了長達四年半的日本建築修業旅程而凱旋歸國。就當自己仍持續著翻譯寫作、而在台南的家中躊躇滿志、思索著今後究竟該何去何從之際，竟然又意外取得了同樣是位於台中市的亞洲大學專任教職，並以帶著感恩的心情回去東海建築兼課，分享日本當代建築的群像。彷彿在走了一大圈之後，還是回到這個有著深刻記憶的場域，而有著無以名狀的感動。

從第一次和台中有了深刻交往到現在，已經是非常多年的以後了。位於台中港路起點那端的台中車站周遭早就逝去了所有的風華，目前正靜靜等待著周邊舊市區的更新與重生的契機；而那個當年令我振奮無比的台中新市政中心，也終於在歷經將近十數年的好事多磨（事實上，它該算是催生國內綠建築相關法規、一個極具決定性的建築案例）後，於 2011 年正式完工啓用，展現台中進入新世紀之際所呈現的恢弘氣度。

台中大都會歌劇院一案在經過無數次的流標之後，終於在 2009 年的 12 月正式開工，而截至 2012 年的現在，那些曲面牆的構造也慢慢地、終於如同雨後春筍似地從地面層上長了出來，彷彿可以想像它在多年之後成爲國際前衛建築指標的榮景了。這些建築的軌跡除了見證這個城市的發展，並道盡對於未來的願景之外，同時也是我個人在邁向建築的那些日子裡，刻印了各種關於青春記憶的點滴與印記。

左：台中大都會歌劇院模型

右：台中大都會歌劇院曲牆實作模型（Mock-Up）

台中市民意街市場

內與外的異質與眞實

——台中舊酒廠的超現實場景

羅曜辰

對一個建築師來說，要提筆寫一篇文章還眞的不是一件容易的事，因爲建築空間是透過眞實的經驗所留下的理解與感受，任何的文字描述都可能否定了另一種未被書寫出來的外邊，因此遊記是一個極度主觀的記錄狀態，透過建築師的眼睛去看到建築師的世界，有時候或許也是一件有趣的風景。

我想我還是回到學生時代做的畢業設計來說起。基地在台中舊酒廠，現已變成台中創意文化園區。這個酒廠位於台中後火車站的復興路上，占地約 6.3 公頃，還頗大的呢！後來因爲酒廠遷移，原舊酒廠閒置了很久才被政府以「公民美學運動」，在 2005 年重新對社會大衆開放，取名爲 TADA CENTER（台灣藝術．設計與建築展演中心），又叫台中創意文化園區，一開始的構想是希望結合台灣藝術與建築設計產業，使其有個跨領域連結與展演的基地。

然而跟台北華山創意文化園區不同，台中舊酒廠與周邊環境的紋理脈絡非常密切，酒廠內部共有 14 棟歷史性建物，這些建物大多是在 1920 ～ 1960 年代興建的，由於當時戰爭物料非常吃緊，所以屋頂大多是鋼鐵式的屋架，建築形式也非常多，巴洛克、老虎窗、木造大跨距的廠房都是試驗的舞台，只要進到酒廠內，就等同於經歷一場多元豐富的建築歷史之旅，非常有意思。

以前酒廠的員工很多都還居住在酒廠周圍，時空環境依然可以感受到 30 年代的人情味，甚至附近都還可以看到一些零星的日式住宅。台中舊酒廠就在這樣特殊的歷史文化下，產生出廠外與廠內、眞實與異質的對比，眞實指的是酒廠外邊鄰里的日常生活，而異質則是指酒廠內對比於外面生活的喧囂，呈現出一種極度寧靜與時間脫節的空間氛圍；廠內的建築物十幾年來靜靜坐落在那邊，與周遭的人們像是進行一種無聲的對話，對比於現在已經變成展演活動的功能，每次到了假日就有很多攤販、廠商進駐酒廠，裡面的工廠很多都已經變成展覽用途的空間，在展覽館裡面就可以聽到外面攤販的叫賣聲，彷彿一場清夢乍時醒來，讓人好不適應，但或許這就是一場超現實的場景……

寫到這裡，不免讓我的記憶回到學生時代遊歷酒廠周遭的經驗：七年前酒廠尚未開放，讓原本要以酒廠作爲設計基地的我，一直無法找到一個適切的方式去看待它，於是我開始繞著酒廠的周邊，看看有沒有甚麼好玩的事物，這一繞竟發現酒廠周遭的生活是那麼的多元，時而靜、時而鬧，許多好玩的情景各自展現其生命力。我想，這就是眞實的城市生活吧！

記得當時沿著復興路來到據說是那地區非常有名的肉圓店。吃完肉圓後，走到酒廠旁邊的傳統市場，現在叫民意街觀光市場（搞不懂爲甚麼都要加「觀光」兩個字），裡頭有賣衣服、玩具、糖果……時空彷彿倒轉到小時候的場景——早上阿嬤、阿伯帶著孫子來到市場買菜，吃個早點，人們似乎彼此都認識，每走幾步路就會交談起來。

市場上頭掛著一條條的遮陽彩帶，意外地和市場裡五花八門的東西和諧一致，這或許也是爲甚麼我對於攤販

進入酒廠有著極大排斥感的原因所在吧！

以前，市場可說是一個地區的生命力，而現代都市的超級市場就沒有這樣的情景，原因在於以前傳統市場人們的生活關係緊密，市場裡的叫賣聲混合著熟識人們的交談聲，這樣的聲音是有生命力的，而這是現在的超級市場所沒有的。所以有機會來到酒廠這邊，你可以去晃晃這個傳統市場，裡面可有一些你在外面買不到的東西。

沿著民意街轉到忠孝路就是有名的忠孝夜市，這個夜市巧妙地與市場接續著買賣的人聲鼎沸，一晝一夜繞著舊酒廠不斷地發出強烈的生活絮語，與酒廠的靜默形成對比。夜市本身並不特別，因爲台灣到處都是有名的小吃、夜市，然而忠孝夜市本身就像一個超現實的場景，一方面接續著白天傳統市場的生活，另一方面，如果你從夜市的巷弄走進來，則是面對晚上酒廠巨大的空無，帶著小吃繞一繞酒廠外邊，是一種很特殊的夜市經驗，這可是在台灣其他夜市找不到的特質哩。

夜市，也可以說是台灣食文化裡很重要的特徵，現在忠孝夜市有著特殊的歷史環境，或許在未來可以發展成獨特的區域性夜市文化。

如果我們沿著忠孝路再右轉到合作街，眼前又會呈現完全不同的風景。合作街裡面據說還居住著許多當時在酒廠工作的元老，進入這條街，你會發現嘈雜的人聲漸漸靜了下來。這裡算是住宅區，街上有一座公園，公園裡有一間廟，廟前有一個很大的溜冰場，白天會有一群媽媽們成群結隊在這邊跳起土風舞，到了下午就會有些老人在前面喝茶、下棋、聊天。公園是老舊的設計，許多大榕樹沒有整理，裡面有些陰暗空間讓人不太敢靠近，可是對於生活在這邊的人們，這可是他們唯一擁有的綠地啊！

有時我會想，政府與其花錢整理酒廠，不如先整頓一下附近的環境，並不是說要有多大的改變，而是延續著生活的面貌，讓這些空間可以更有品質地呈現。像是廟街對面開了一家咖啡店之後，我發現那邊的生活場景也慢慢的改變，變得更容易讓外頭來的人親近，在這裡喝一杯咖啡，也是

極好的下午茶享受。

在台灣，廟是一個很奇特的物件，它以一種民間信仰的方式連結周遭附近的生活，尤其當廟跟公園結合在一起的時候，信仰與休閒是這麼自然地融合在一起，哈！這還眞是台灣特有的空間現象呢！就像台灣的騎樓，或者是沿街搭起的帳棚，隨即轉變成一個可以買賣的小空間。而這樣隨意的違建空間在酒廠周圍四處可見，有時它們會變成附近區域連繫感情的地點，這樣的現象在都市裡面或許顯得凌亂，但有時你會覺得那種凌亂中似乎帶有一種親切感，不是嗎？

西方國家的現代都市裡，有些過於嚴謹規畫的景象實在讓人覺得毫無生命力。當然混亂也絕非是一種可取的事情，因此我總是在想，有沒有可能取得一個平衡點，秩序與混亂界定在一條曖昧的共識下，彼此交織……我想酒廠附近所呈顯的，大概就是我所謂恰到好處的狀況吧！

繞行酒廠一圈到此，你大概就可以發現：原來它周邊有這麼多有趣的事物啊！比起酒廠裡面刻意的叫賣來得有意思多了。

好玩的不只這些，如果你跨過復興路來到民生路，你會發現竟然有一排排的房子沿著綠川而建，我們稱之爲吊腳樓，它是從台中路二巷一直延伸到南華戲院附近，以前的舊名是「綠堤巷」。河堤的另一邊有老榕樹的氣根緊緊依附在邊緣，配上紅色的欄杆，這些樓房據說以前也是高級住宅，在市區裡鬧中取靜，房子面對河堤的部分是廚房，廚房的廚餘直接落入河中，所以你會看到很多覓食的鳥兒都停佇在水中，等候著廚房那頭掉落下來的晚餐呢！

吊腳樓與高架鐵道的巷弄十分狹窄，大約不到兩米的寬度，你可以看見居民把民生用品都堆到戶外，這彷彿與鐵道相隔的一線天就是串連整個居民生活的軸線。但非常可惜的是，這些絕有僅存的吊腳樓在這一兩年之間逃不過時代的命運也被拆了，所以現在想看也看不到，只能看到依稀存在的柱腳吧！唉……這些樓房雖然算不上歷史古蹟，但其特有的姿態如果能好好加以整修維護，必定能延續其生命力，不是嗎？

我們還是往前走吧！沿著鐵道向前，就在河道的轉角處可以看到以前的日式民宅，再往前走，則赫然發現有一間被切掉一半的房子，現已變成垃圾的回收處理站。房子因爲道路拓寬、被切成一半後，原屋子裡的一個個房間就這樣裸裎展示，只是此刻每個房間被放置著不同的回收品。

據我觀察，附近鄰居應該都知道這個回收站，因爲有好多人拿垃圾來回收，就直接與回收站的阿伯聊起天來，這又讓我跟之前提起的傳統市場有著莫名的連結。

還記得我的畢業設計就在這個回收站前面做了一座橋，讓這座橋可以剛好跨高架鐵道的上面，因爲我希望在這邊工作的人們所看到的不只是後站的風景，偶爾他們也可以爬上這座橋看看前站，感受火車經過的剎那，站在一個不同的高度回看這個城市的四周。

我想做的城市設計不是改變他們的生活，而是將他們舊有的生活模式連結到另一個可以被感受的向度……哈哈，會不會太抽象了呢？

另外一個世外桃源是沿著綠川進入一個時空的巷弄裡面，它介於合作街跟正義街之間，這個綠川河道兩旁的大樹綠蔭幾乎將天空完全遮掩，大樹的氣根一直蔓延在河道的兩旁，你會發現這個河道還有一些樓梯可以直接下到河床底部，進而想像以前的人可以在這河邊戲水、洗衣……當然現在是不可能的了。

以前河道兩邊很多住戶都直接把晾洗的衣物拿到河道邊曬太陽，如果遇到下雨天，他們要衝出家門跑到戶外收拾這些衣物，於是這些臨時的曬衣場跟河道靜靜地延續著很久以前的生活方式，雖然已經不太一樣，但那股氣味依然存在。

至此，我們大抵繞了酒廠一圈，酒廠外的風景應該比酒廠裡頭生動有趣多了吧！

沿著酒廠離去，在外圍第二個都市的圍牆大概就是這個高架鐵道吧。這個鐵道把台中區分成前站後站不同的風景，但隨著台中市中心遷往七期之後，前站後站的差別可說是越來越小，甚至後站也慢慢地繁榮熱鬧了起來，未來台中市政府已經計畫將鐵路高架化，讓前站後站有更方便的連結。

鐵路高架化之後，台中舊酒廠勢必再面臨一場巨大的轉變。這條鐵道線算是離開酒廠周圍、離開台中的旅人路徑，上火車之前別忘了到後站的鐵道藝術倉庫看一下展覽，作爲這一站的終點。

我想七年之後再寫台中舊酒廠的外邊，眞是感觸良多。有些東西還在，有些卻不見了，生活的姿態或許有些微改變，但可以確定的是，這樣的特殊存在將會越來越少，我們將慢慢進入一個無差異的都市生活世代裡面，如能有一些驚喜，想必是前人留下來給我們的寶藏。

羅曜辰（Hata Lo）

1976 年生於台灣。東海大學建築研究所畢業。

2008 年任職於德國 behet bondzio lin architekten 事務所之建築專案設計；2011 年與藝術家蔡芳琪共同創立哈塔阿沃建築設計事務所（hataarvo architects）。

現任教於東海與逢甲大學建築系。主要作品有：Queen Wedding（2010）、Double House（2010）、Garden-Walls Housing（2011）、Iron House（2011）。

真館
現炒牛羊
各式料理

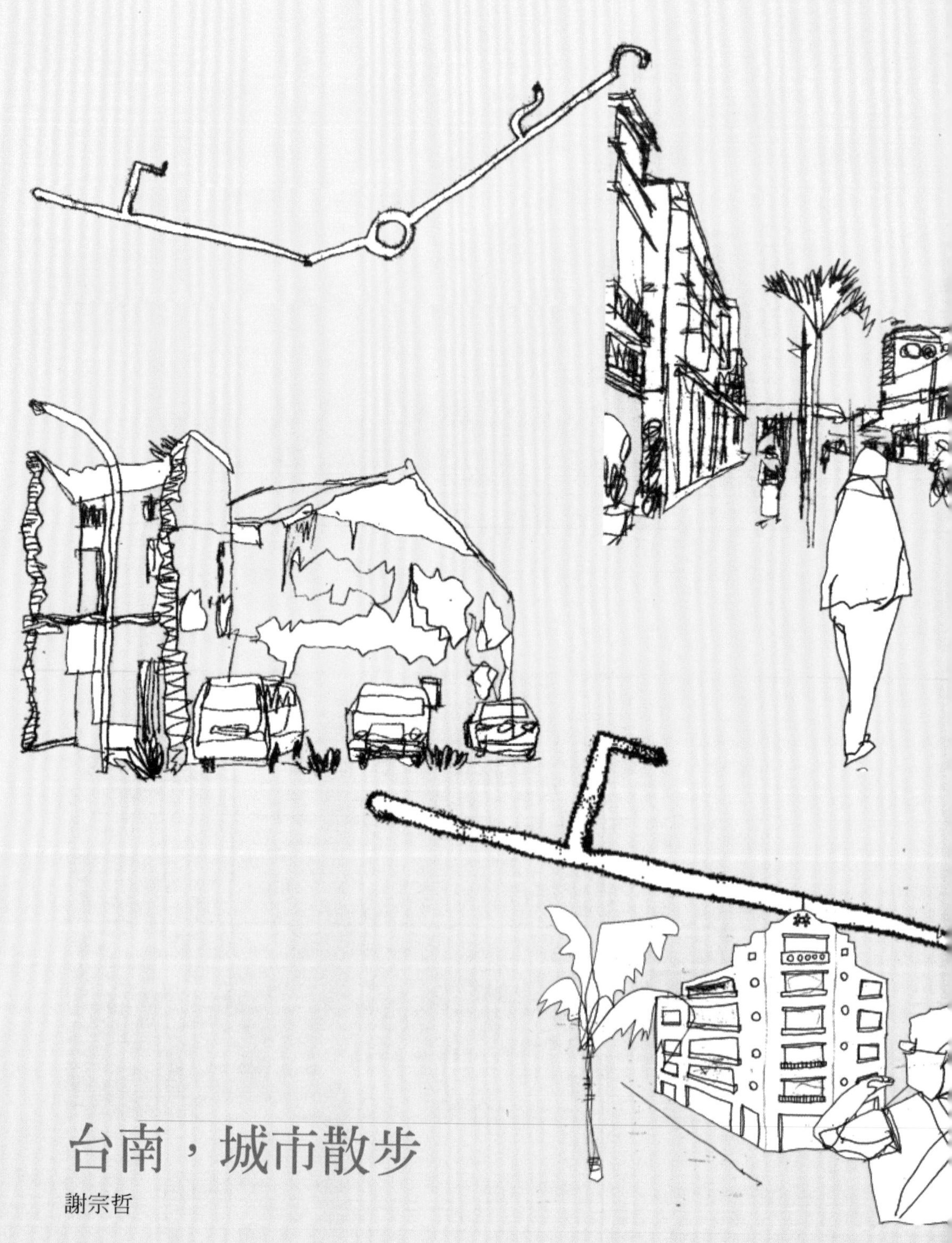

台南，城市散步

謝宗哲

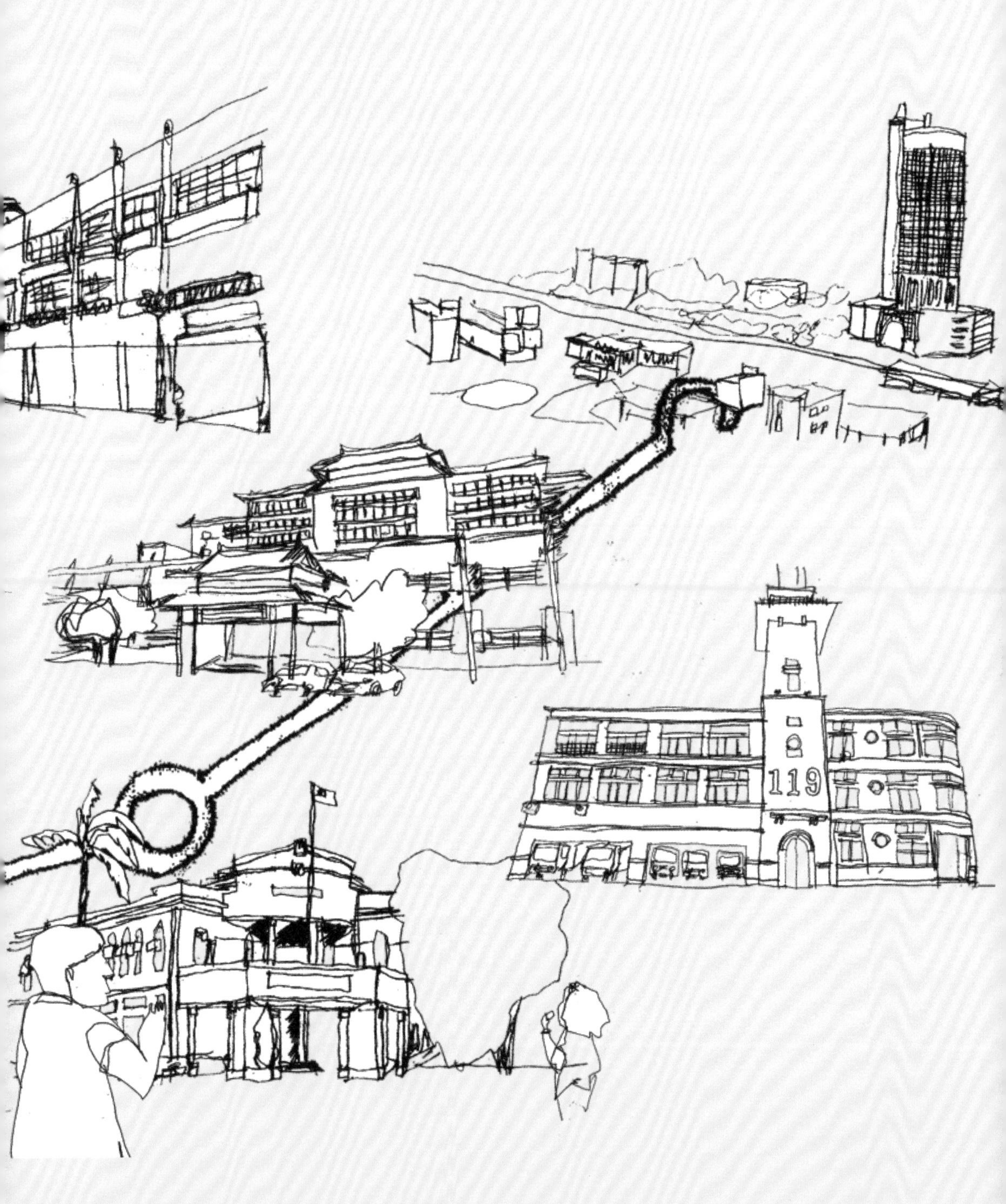
119

伸展至新思想的心靈，絕不會再回歸其原先的視界。

——霍姆茲（Olive Wendell Holmes）

我對於故鄉台南市的情感是複雜而矛盾的。在學習建築之初，我不免也會有對於歐美或日本的那種充滿潔癖、乾淨俐落的城市風貌無比傾心，天真地妄想自己所生活的城市也該擁有那樣的品質。於是我曾經是多麼想逃離這個逐漸沒落的古都，朝著充滿新建築的新天新地奔去的啊。

然而在有了實際出走與抽離的經驗之後，再回過頭來看，竟發覺許多過去未能察覺的魅力與個性，現在卻變得清晰可見了，這才知道該珍惜自己所真正擁有的是甚麼。

或許，總在有過旅人的姿態之後，我們才終於能具備深刻閱讀與體會的感官與知覺吧。

能夠好好重新認識台南市，眞的是前往日本留學之後的事了。是2004？還是2005呢？我倒還眞忘記到底是甚麼時候了。只記得那是有一次休假從日本回台灣，搭巴士在深夜抵達台南車站的「奇遇」。

那時已經將近深夜兩三點，能夠來接我的家人或朋友毫無疑問地都已經入睡。由於老家離台南車站並不是太遠，手上的行李也算輕便、氣溫也相當舒適，於是便決定慢慢地散步走回去。

路上除了7－ELEVEN之外，幾乎都已完全拉下鐵門，白天會有的人潮當然也早就退去了。過去因爲忙碌於日常生活中的瑣碎，我甚至未曾好好地用腳走過這些習以爲常的都市空間。因此在深夜的這一刻，漫步在人煙稀少的市街上的這件事，讓自己覺得相當新鮮。具體地說，就是改變了原本總是從機車上看風景的慣例，而改成用自己雙腳的觸覺碰到地表，實際將自己置入空間去體驗的作法。

平常總是擠滿人群與機車的騎樓，在此刻毫無遮掩地恢復成建築家想像中應有的樣貌，可以清楚地辨識出這道具有視覺延續性的帶狀空間。有趣的是，在得見空間的原貌之後，似乎也對於平常總視爲機車或人潮所占滿的這個所在感到釋懷了。那其實也算是居民的城市生活所交織出來的熱力哪，是東南亞城市特有的一種表情。

經過台南醫院時，發覺這裡還留著幾棵鳳凰木，落著造型特殊的小葉子。據說在過去的日本時代，這條路是由作爲行道樹的鳳凰木所形成、有著紅花與綠影扶疏的林蔭大道（現在的中山路）。

走著走著，我來到了往昔作爲台南市中心地帶的民生綠園。平常白天時車水馬龍的景象已不復見，心裡想說機會難得，便跨越過馬路，走進這個平常絕大部分僅供觀賞之用、圓環內的公園❶。那兒是我過去每天都會經過，但卻忽略了將近 30 年的重要場所。

站在中心環繞四周，除了往四面八方輻射式配置出去的道路之外，還有的便是當初日本人在這種實驗性都市計畫中、於圓環所集結的重要公共建築：曾作爲台南市政府的故台南州廳廳舍（現在爲台灣文學館及國立文化資產保存中心）、消防局，以及測候所等等。雖然年代已久遠，但這些房子無疑地仍是台南市到目前爲止最好的建築，並且穿越著時空散發出帶有時間感的氣味。

闔上眼睛、靜靜地感覺，我彷彿可以在腦海裡看見，那個對新世紀充滿盼望、大步邁向現代化之時期的城市風景。那是一種對於未來充滿期待、有著 20 世紀初特有的浪漫的情境。

趁著雅興未眠，我又繼續往昔日最爲繁華的台南銀座．末廣町一帶（現在爲中正路商圈）走。首先映入眼簾的是已經沉睡了數十年、但在當時卻是引領風騷的林百貨店大樓（俗稱五棧樓仔）。

然而我眞正感到驚豔的，並不在於這個五層樓，而是與它一體成形、總長達百餘公尺、共有近十數個店鋪單元的這個末廣町連棟街屋的存在。單元有大有小，雖然現在也仍舊持續被使用著，然而和日本時代全盛時期，曾經有旅店、百貨店、藥房、腳踏車行、食堂、酒家等行業的聯合進駐可就相形失色許多了。整個地勢往西微微傾斜，我覺得那無疑地會是20世紀初台南市的「表參道之丘」❷，是城市生活眞實上演的場景。而這種店舖住宅的形式（1F爲騎樓和店舖，2F以上爲住宅），後來也就成爲構築出台南市都市面貌的原形之一。

繼續沿著這條路往西走，過西門路後右側連棟街屋的後方，則是日本時代的西市場，又稱台南的淺草（asakusa，現在的大菜市），裡面是有頂蓋的商店街，一直到現在都還保留著當初的空間形式。而走到鄰近海安路左側的地方，則是遠近馳名的盛場（sakaliba）小吃集散地，現在雖然因著海安路地下街的失敗只剩下幾家，當時卻是冠蓋雲集的台南市重要名所。

最後，我走到海安路停住了，試著將眼界延伸到擋在中正路盡頭之中國城❸後的運河風景。我仍舊記得小時候來到這裡，都能看到遊船、漁船靠岸的熱絡景象，那是個河運仍舊健在，而台南市的都市性格仍舊與水的意象清晰連結在一起的美好年代❹。

深夜的即興式城市漫步，最後在接近清晨之際結束。回家的路上，我也望見了這個城市機制的甦醒，賣早餐的攤販與店家也一一重新啓動、迎接嶄新一天的到來。這樣的體驗讓我與這個城市無比貼近，我因而得以一口氣將台南市中心區最爲精采的空間序列經驗銜接起來，並將過去對這個城市所認識的片段加以重組，同時也深刻地意識到台南市的魅力，其實就來自於這些個別的微小場域中（大菜市、盛場與街廓內的小巷弄中充滿生命力的模糊地帶）所發生的城市生活點滴。

那時的感覺是：「沒錯，這就是台南，也許那當中好的品質還有點模糊，但是屬於台南市的城市性格，的確是很難用西方主流的美學價值去評斷的。」

台南市在短短不到四百年的時間之內，經歷各種統治者的更迭（荷蘭、

1. 昔日台南驛前的鳳凰木大道（現中山路）
2. 昔日台南運河盲段（今中國城）
3. 台南驛
4. 從運河盲段上，往岸上合作大樓的眺望
5. 運河盲段旁漁船集結的榮景
6. 昔日的台南州廳（現台灣文學館）

1	4
2	5
3	6

明鄭、清、日、民國），以及不同時空背景之下的城市開發思想上的差異，截然不同的都市紋理相互交疊而造成了都市風貌的紊亂與識別不清的困境。然而，台南市的優勢其實也在於其特殊的身世，因著各種相異的文化、伴隨著不同年代的進駐而在這個城市集結。

於是，除了城市街廓紋理有著錯綜複雜的交織之外，城市居民的生活習性在某種程度上，也反映在某些局部的微小場域，因而成就了作爲一個都市所應具備的多樣性。

過去的我，對於台南市這個複雜而多樣化、難以通盤理解的城市性格感到無比苦惱，現在似乎一切都豁然開朗了起來。

城市本來就是複合體，也許對於台南市的認知，有重新建立一套座標系統來進行重新閱讀的必要。也許該注目的對象不會是作爲城市本身的那個整體，而是該將眼光放在透過局部的微秩序，所建立出來的一套屬於微小場域中的運作機制。

轉換閱讀的視界與角度，往往可以有更多的發現，將眞實的輪廓看得更爲清楚。例如，相較於現代化都會的台北市，那種基於規制所形塑出的制式都市空間及有序而緊湊的生活作息，在台南則很顯然地可以相對體會到某種帶有閒適氣質的「鬆散」。

近年來，這樣的氛圍經常被媒體稱之爲所謂的「慢活」，但我則認爲那是一種受地理啓蒙、在自然環境風土影響下的命定與天性上的反映——大而化之、熱情、開朗、奔放、隨性、渴望自由。這樣的內在性格讓台南除了在表面上遵守著某種程度的「法治」這個普世價值之外，其實更通用而深入人群的，反而會是一種建立在相互體貼與通融上的「默契」。

另一方面，在整個城市發展的進程上，或許是因爲公部門曾經的錯誤，更或者是前面也曾提到的、在短短四百年間有了數次統治階層的更迭所造成的某種不確定性與不信任感，而使得台南的私部門以至於個人，反而更習於採取相對自主性的方式來進行都市／建築的開發與經營。

無獨有偶的是，台南在台灣開拓發展史上的決定性角色而積累了豐厚的文化底蘊與資源，因而使得這種bottom up（由基層出發的；由下往上的）的形式上，竟然能夠衍生出帶有深刻人文況味的生活情境與城市景致。而就在這個古老的城市沉寂了數十年，在養精蓄銳、蓄勢待發之後，於21世紀的第一個十年過去之後，逐漸透露出成熟醍醐味的同時，也萌生了邁向新世紀的全新願景與無限的生機，從目前正方興未艾的幾個現在進行式的現象可見其端倪。那或可稱之爲新與舊的對話與辯證，或說新建築與老房子的冷靜與情熱之間吧。

最後，我想再以羅智成先生的詩作＜夢中之城＞的最後一句，來總結對於這座城市最深刻而永恆的愛戀：

這是我夢中的城市
正沿著我熱切的視線擴建
一旁傾聽的妳
隨時可以進來
讓我們相愛、生活、創作
繼續未竟的文藝復興

註❶ 其實在日本時代因著交通機具甚少，因此當時這個圓環與其作為交通之用，反而倒是作為公園的角色更來得積極。

註❷ 由安藤忠雄所設計，位於東京表參道的複合性商業設施。主要的特色在於建築總長度高達 270m。

註❸ 中國城與台北 101 大樓的設計者都是李祖原建築師，是在後現代主義風潮之下所謂「中國傳統建築現代化」的設計手法。1977 年，台南市政府填平運河盲段興建中國城後，曾是當時享譽一時的商圈之一。1993 年，海安路的拓寬計畫，使得中國城和中正路的人潮被截斷，走到中國城須繞路，使得中國城的人潮逐漸衰減，漸至沒落；中國城後期約剩下環河街的戲院仍稍有客源，至於一樓店面和地下街早已寥落。

註❹ 有別於一般對於台南的敘事多集中在以漢民族作為主體所討論的安平、五條港與民權路，在此藉由筆者實際的體驗，嘗試著由日人所建構的新都市軸來作為記述的對象。

台南，十年一瞬

——那些在廣告公司學到的巷弄生活態度

蔡淑君

他在 SARS 那年離開了台北，一個人搭著 5 個小時的客運到了台南。在這之前，他來過城市兩次：一次在裕農路的小巷子面試，一次陪著妹妹註冊，從台南機場搭客運到火車站，然後坐上「撿客的」廂型車去了麻豆。加上從「聽來的」兩個印象，其一是食物很甜。其二是成功大學校門口一走出來就好熱鬧哇。簡單組成對於台南的輪廓。

這是何其無趣的相遇，沒有許多年後為了生活理念而興起的「移居台南」熱潮，老房子們還是庶民，未變身王子公主。他與城市之間沒有愛戀的痕跡，平平淡淡地透過統聯與大榮貨運，從一個城市過渡到另一個定居下來。

他潛入了裕農路 668 巷的最深處，

2 樓半，面寬約莫四米，門面漆成了白。那是他對於建築美學的一次啓蒙。

習慣了台北光明磊落的大門大路，初到台南他嘗了好長一段時間的巷弄之苦。剛開始時他住在長榮路與林森路間的巷子，五樓，兩房一廳，租金 4500 元。房間東邊的窗戶對著長榮中學籃球場，每個早晨被熾烈的陽光曬醒，混著青春的吆喝聲。公寓樓梯昏暗，一樓的信箱總是塞滿了廣告傳單……那巷子極小，摩托車互相碰見了都嫌小的那種窄，窄而深幽。有段時間他沿著巷子的深處鑽，鑽出了一份異鄉人的惆悵。

他明白城市的巷子帶著某種程度的高傲，或者說以圓環為原型的道路系統，具有深深的排外性。每當你進入，他可以立即判別生疏，給你一條越近的，或甚越遠的路。他常常接受了城市給的一條越遠的路，以迷路與時間祈求拉近一點距離。那距離，近得緩慢。

他在這樣緩慢的進程中，總是由挨著林森路的巷子殺出，左轉林森路，右轉東寧路直行直到了後甲圓環的城市邊界，接過裕農路繼續前行，在

左：建築美學的啓蒙，來自於一天至少相處 15 個小時的廣告公司，比家還纏綿（攝影／古欣代）
右：純白色的公司，藏於台南的巷弄之中。慣性的空間體驗，後來也延伸到了住家（攝影／古欣代）

668 巷轉了彎潛入巷底。巷底人家成列，他工作的地方，由老房子改成，2 樓半，面寬約莫四米，門面漆成了白，紅色的欄杆成爲白。那是他對於建築美學的一次啓蒙。

巷子的紅磚道，停滿摩托車、孩童的三輪車，一台亮橘色的 March 每次潛入巷子都像是國王駕到，車民退散的景狀。二樓陽台衣裙飛揚，飛過了紅色欄杆，一次迷途於威尼斯巷弄中，猛一抬頭也看到了衣物飛舞的樣貌，或是上海舊街，那是一種尋常人家的生活溫度。他在台南的廣告生涯，就從裕農路 668 巷，一條無尾巷，城市的邊緣開始。

很久之後，公司搬離了之後，他還深深記得一些時刻。緊鄰黃昏炒菜的聲息，夕陽柔烈的光暈透過紗白飄逸的窗簾，映上會議桌上，EPOXY 一片白的地板也暈了橘黃色的光，暈染了由霧白中空板隔開的辦公區。隔音極差的戶戶鄰居，廣告策略、創意發想的討論聲交錯著罵孩子、夫妻爭吵、老嫗講電話聊是非，穿牆而過組成一曲既現實也非現實的樂章。

那個時候，還認不得甚麼是柯比意、對於現代建築仍是懵懂無知，他走入了一個陌生的城市，進入到一個埋藏於巷子最裡，白色的世界。那是他心目中最原始的老房子．設計的樣貌，或者是，城市建築的老樣子。

身體轉渡在新舊建築之間，
在一個嶄新的城市住宅區裡，
閱讀安藤忠雄。

上：台南的圓環系統到底說來是給一條愈近的，還是愈遠的路呢？

下：東區的城市邊緣的二月河，不只視覺的遠觀，還有實際的體驗。

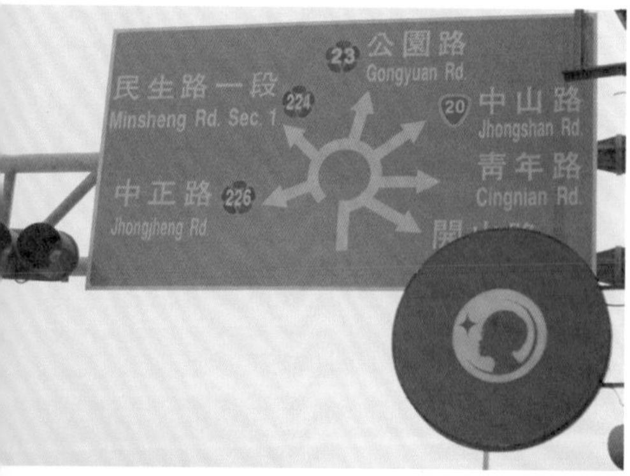

他後來在路上碰巧遇見了也從林森路巷子衝出的同事身影，一路尾隨他進入了巷子，在狹小的巷弄間鑽動，像魔術一般九彎十八拐地越過圓環，一個紅綠燈也不碰見並且折了一半的時間抵達公司。自此厭惡極的巷弄，像是一場有趣的迷宮遊戲，好長一段時間，他每天變化不同的路線，城市的距離變近。他知道城市如何論定一個旅人是否足以成爲台南人。

這段靠近的關係也反映在衝進圓環的瞬間。尤其開車，善用圓環或是避開。哪個時刻切換車道，民生綠園依序是：中山路公園路民生路中正路南門路開山路青年路，往火車站客運站安平中正商圈孔廟延平郡王祠東菜市而後東區，全然放射到城市的各個核心、各個角落。

他在逐漸成為台南人身分的認定中，找到常經過的巷子內位於四樓的套房，月租 5000 元，有了冷氣。酷熱的第一年夏天，他常在深夜躲進林森路與衛國街口的 7 － ELEVEN 吹冷氣。被城市過熱的體溫擾得心浮氣躁。

他的工作是房地產企劃文案。前輩說，安藤忠雄要讀啊。於是認識了安藤與清水混凝土。城市的建築有著各種樣貌，有錢人愛的；有品味的人愛的。素人可以因為對於建築的熱愛而成為建築人；建築師可以決然地創造出理想的原型；建築開發商可以勇氣充滿地推出新型態的住宅……城市自有它的文化底蘊，力量非常強大。

那個時刻小小的巷子底的小白屋開始滿溢，於是換到了虎尾寮裕平路上的「二月河」，建築界熟知的毛森江先生的作品。幾年後同樣在東區，新樓醫院附近的巷底，本來是私人招待會館──「毛鏗」變成可以進入體驗的咖啡館，系出同門，建築的樣式不同，體驗的激情卻也相近。

從小白屋進入到新建築，身體的建築觸覺被打開了。瘦長的「二月河」十分素樸，清水混凝土的門面搭配實木大門，推開以後是長達 10 米的實木桌與混凝土基座，十張 Y-CHAIR、B&O 立盤式音響，寧靜，自有風格。長長的屋深在二樓以上配置了中庭，光影與樹就在那些繁雜的思緒生活的進行式中探頭微笑。此時極簡式的建築被這個古老的文化城接受，一棟位在東區核心的清水混凝土大樓吸引了各地的目光；在遙遠的安平，分別由建商以及有理想的建築師領軍，一個巨大的別墅之村正在進行。。。

那些新建築文化的痕跡，展現了城市的心胸。新建築開疆闢土，從師隨安藤忠雄的樣式到有獨特的樣貌，一棟又一棟有趣的建築長在巷弄之中，和他老態的鄰居和平分享土地的養分。舊建築老房子的復興逐日走向城市的顯學，先是 Pub、工作室，後來有了餐廳，後來是許多咖啡館。長榮路靠近誠品的全家巷子彎到底，日式平房原來是一家安安靜靜的 Lounge Bar，後來變成 a room 書牆咖啡廳。

是他在台南生活的重要場域。

> 他的日常生活動線由巷子與圓環組成，感知一座城，一座儼然為家的城。

最近一次移動依然在東區。過了中華東路的仁和路一帶一棟原本是工廠的舊透天。工廠特有大面寬的形態讓屋內總是裝滿飽和的光。白色的 Mac 電腦放置在 IKEA 的白色長桌上，街道新的風景。對於空間的風景而言，是晨光透過窗戶撒落白色的桌椅上，並且偷偷轉印了樹搖曳的身影，對於建築的存在已然從一種形態之美轉換到生活瞬間的體驗。

這個時候他已經旅行過幾個重要的建築聖域，比如說北海道安藤忠雄水的教會，親身感受過瑞士湖畔的科比意，走進瑞典大師的圖書館內，並且朝聖了妹島位於洛桑理工學院的作品……而當年的啓蒙的確成爲日後感受一座城市重要的養分。

他多年之後還是回到東區生活，家和公司之間不過就是四個大小路口紅綠燈的距離，依然習慣在巷弄中繞行。他的日常生活動線由巷子與圓環組成，走巷子上班、在巷子裡喝咖啡、尋找秘藏於巷子內的食物；在巷子裡剪頭髮……在巷子與巷子交錯的時間感裡，感知一座城，一座儼然爲家的城。

他總以老台南人的口吻訓誡初到還在迷路又迷路的人說：「台南巷弄的偉大之處，在於認得親疏，哪需要時間培養忠誠的啊。」一如十年一瞬，他對於城市的忠誠情感。

更進於現在的日子，文化移居成爲古都一股緩緩的活力。說是緩緩，其實也快速。光是一條正興街就一變再變多少種樣貌？老房子的新顯學對外開放著，但其實也是確實成為台南人生活的部分啊。

正如同建築的走向更為純粹並保持著城市文化特有的溫潤，這個好有魅力的城市在於不管從哪個角落發芽，都能長出獨特的來自土地養分的大樹。只要帶著虔敬耐慢的心，每一個人都可以在這裡平心靜氣地寫上一段獨特故事吧。

舊部落當中，工廠特有的大面寬讓建築像一個裝滿光的盒子。（攝影／古欣代）

SOUTH PARK

台南 ed X 台南 ing

黃若珣＋張子浩

存在於台南的一段曾經、一個現在，
兩個建築人立足於相異的立場與觀點，
用隨興的漫談呈現對台南的情感與不同的都市閱讀角度。

E→土生土長的台南人，個性也如南台灣的大太陽般大剌剌，喜歡趴趴走，至今已經遊歷過數十個國家。但也很念舊，在環遊世界後，選擇回到自己的土地，繼續悠哉懶散的曬曬午後的陽光。

H→自認為是半個台南人，離開台南之後，不論到哪都還是免不了的會想念起府城的小吃與陽光。如今在家鄉台中一邊追尋著理想，然後一邊想念著當初找到理想的那個城市。

街道構成的星星

H：說到台南市的街道，其實我先想到的竟然是台南的圓環，當然老街巷弄都是毫無疑問地迷人，但是圓環真的讓我印象深刻，因爲這種放射狀的道路網絡系統，著實讓方向感不甚佳的我吃了不少苦頭。然而這種不按牌理出牌的道路創造了很多不經意的街道與小巷，這點又是我喜歡圓環的地方。

E：對於從小生活在台南的我，圓環的存在似乎是很自然的，火車站前有個圓環、有城門也有圓環、到哪都要經過民生綠園……從沒認眞去探究其中的原因。直到上了大學，開始有些外地的同學（例如你），抱怨著台南的路是如何的曲折複雜，尤其是一個圓環連結著少至四條，多至七條的道路，光是在那繞圈圈就不知得花上多少時間，才讓我對於這個在生活中常見的都市景象開始有了注意。但圓環有另一個很重要的好處就是：不管怎麼樣，回到圓環，就可以重新開始！

民生綠園

H：唉，我當年可也眞算得上是「restart」達人了。不過我喜歡妳這個邏輯：一種「重新開始」的街道機制。

E：要細究圓環的歷史大概就必須要回到日據時期，在 1911 年第一次的市區改正當中，日本政府在原本有機的街道紋理上，硬生生的置入了放射狀的路網和路網交會集合的六個圓環。我想日本人當初在規畫這種都市道路系統的時候，畢竟還是基於帝國主義權威式的思考邏輯吧！在國家權力至上的殖民時期，圓環不僅彰顯了統治權，也爲企圖邁向現代化的台南，提供了「公園」「廣場」等的空間，甚至進而改善了城市的物理條件❶。

H：這些事情倒讓我想到了巴黎的都市軸線跟幾個圓環，因爲巴黎的都市同樣把細密的街道巷弄與建築舊立面揉合進幾何環狀與向心大道的架構之中，而有了一種理性思維與感情記憶交錯重疊的錯置感，這樣的錯置經常增加了都市本質上的「深度」。於是街道有了明暗兩面，有了新舊共存，也有了宏觀與細緻的交疊。簡言之，利用圓環這種簡單的幾何規則來束制住自由散落的街巷，因爲有了矛盾，所以順理成章的激盪出趣味的情節。

我一直認爲台南是個具有豐富個性的城市，也就是這許多不同的特質纏繞在圓環的周邊，讓它們更是充滿著不同的故事。我想聽聽妳這個在地人心目中的台南圓環。

E：其實台南的每個圓環都各有特色，就像賴聲川的《圓環物語》❷，以一個圓環串起了男男女女之間的情愛糾葛，台南的圓環們也依照不同的腳本上演著各式各樣的劇情。所有故事的起點，都從民生綠園（日據時期的大正綠園，現稱湯德章紀念公園）開始，七條道路各自展開，通往未知的下一站。

H：民生綠園是我最熟悉的一個圓環，大概是因爲重新開始最多次吧！但也是因爲這樣，經常就順便坐下來吃一碗中正路上的担仔麵，或是由民生路往安平的方向去尋找豆花的蹤跡。

E：你說的中正路就是以前的末廣町，全台第一家的林百貨就是在這裡。我來不及參與許多人爭相前往乘坐流籠（電梯）的時代，卻來得及見證中正路的一時風光。在新光三越大怪獸還沒入侵台南之前，中正路可是潮男潮女爭奇鬥豔的場所，冰宮、電影院、精品街、道地小吃，全都可以在這短短的一條路上一網打盡。光是坐在人行道旁的椅子上，都可以對來往行人品頭論足的耗上幾小時。雖沒有101可以登高望遠，但也稱得上當時的台南小信義區了吧！整條街就這樣以一個舒服的尺度和速度運轉著。

至於民生路（以前叫做新町）可以說是一個至今都與我無緣的街道，因爲它是台南知名的婚紗街，舉凡婚紗攝影到大小禮俗用品，你都可以在這找到。而我通常會在這出沒最大的目的，不過就是裕成冰果店的芹菜蔬果汁，以及新美街巷子裡三十八番的關東煮和一杯小酒。當然，也可以選擇迅速的逃過婚紗轟炸區，一路狂駛，衝過花枝招展的台大❸，然後如你所說，沿著運河前往黃昏的安平。

H：印象中的民生綠園周邊還有台南州廳（今台灣文學館）、台南消防局、氣象局和鄰近的警察局，這些舊建築就如同一個個安靜的文鎮一般，長久以來不動如山地面對眼前川流不息的開展。就像是旋轉的圓心，一圈圈的捲起每個圓圈旁的建築與發生過的事，也同時牽起每個台南人的生活細絲。

E：我實在有太多關於綠園的回憶，還記得在只及爸爸腰的高度的年紀，在當時的台南市政府（也就是日據時代的台南州廳）前參加元旦升旗典禮，地上畫著工整的人字形，深怕前來觀禮的民眾不知往哪站，而我就在一個個的人字形間穿梭，整個廣場只不過是我的遊戲場，在人群中尋找一個個的掩護，遊戲時間的盡頭就在國旗歌停止的那瞬間。

H：隨著市政府遷移，台南州廳經過一段時間的沉寂，後來也重新以台灣文學館的身分復出。我大學四年都見到台南州廳孤伶伶地佇立在圓環一角，雖然很多次想要呼朋引伴在夜闌人靜的深夜進去裡頭給它來點熱鬧的氣氛，但終究還是提不起最後的勇氣。很高興它最終還是復活了，而且風采依舊，甚至因為建築體內融入了新舊縫合的痕跡而更加的有魅力。

台南州廳（今台灣文學館）

現在民生綠園周邊似乎又比以往更加的有活力了，除了原先的建築跟小吃，又添加了文學藝術的氣息，冬天的時候還可以看到民生綠園中央矗立著一棵高大的聖誕樹！所以我後來很喜歡在聖誕節前後故意經過民生綠園來看看呢。

E：不知道是從甚麼時候開始的，公園路上的太平境基督教會，在耶誕節的時候都會引領著教徒在圓環周邊做一些慶祝活動。這時的綠園，從早先政治權力的中心變身爲歡樂而溫暖的耶誕樂園，你所說的圓環中央的大聖誕樹也是因應這些活動而來，配合著五顏六色的耶誕燈飾，不管你從城市的哪個方向來，都可以感受到那歡愉的氣氛。和你一樣，我也喜歡在聖誕節的時候到這裡來繞繞，在特定時節的特定地點，總是可以令人回味起當時的風景。

H：我開始好奇了。（笑）我還是相信，發生在都市與街道上的事件（或說是回憶）是可以透過某些元素與設計手法而獲得跨越時間的滯留，像是集結道路於中心的圓環，或是圓環中央的耶誕樹。而通常有記憶滯留的街道也才能擁有生命力！

E：一般來說，來台南的人們會先遇上的應該是民生綠園和擔負交通樞紐的火車站前圓環，但除此之外，台南還有另外四個圓環都有著共通的特徵。

H：是指它們都是以前城門的所在地❹嗎？

E：是的。其中小西門圓環的五連厝老屋❺見證了當年的商事繁盛，如今也被巧妙地改造成美髮沙龍及 Lounge Bar。而城門則在道路拓寬的計畫之下，被移到成功大學的光復校區，取代小東門的位置。（多麼荒謬而令人發笑的安排或巧思？）而西門圓環我們也稱它爲小公園，小時候聽大人們說那是個會有小姐站在街口拉客的圓環，經過那兒總是會害羞地加快腳步，深怕撞見尷尬的場景。直到大學甚至出國回台後，小姐們也都成了阿嬤，拉客的活動不復存在，但圓環

邊的雙全昌鞋行，倒是到晚上十點都還燈火通明的賣著木屐和色彩繽紛的人字拖呢！

H：說實在的，雖然我在台南也待了個幾年有，但是妳不說我還眞不知道這些圓環的故事。

E：若眞要談，還有許多圍繞著圓環的事情是可以一聊再聊的呢。例如你知道，歷久不衰的總是美食，在民以食爲天的台灣社會，要體會一點在地的味道或歷史的痕跡，總是得跟著小吃的腳步。所以其實小心翼翼幫我把一點點回憶保留下來的，還有小西門圓環邊的阿堂鹹粥、西門圓環附近的燒肉飯、春捲、東門圓環邊的菜粽！

H：我猜當初規畫圓環的日本人應該不會想到後來這些圓環會衍生出這麼豐富而多樣的事件吧！隨著時間的推移，圓環道路系統周邊不斷的有許多事情在發生，例如妳剛剛說到的著名小吃，或是具歷史風味的建築群，感覺上它們就好像是附著在大樹上的葉子一樣，爲圓環帶來了美妙的點綴。雖然我不認爲現在圓環這種有著強硬態度的都市元素仍符合時宜，但是從日治時代存活至今，圓環確實給台南市區帶來了難以形容的活力。

府城的夜市人生

今夜，禮儀的最高尺度是拖鞋
邊走邊吃，還要抹上一層很幸福的表情
流動攤販的招牌被風霜滷出時間的顏色
至於衛生與食慾的辯證
只發生在味覺啓動的前一秒……

——林德俊＜我的夜市物語＞

E：我不知道還有甚麼是可以比美食更精準的描述台南的風情。就算是站在充滿著世界各國風味料理店的紐約街頭，我還是會忍不住懷念起家鄉的夜市。

H：其實我覺得夜市跟台南之間有種奇妙的關係，因爲台南著名的是小吃，而夜市正是小吃的集合體，位於台南的夜市就好像讓人感覺很厲害，有種莫名的崇高！

E：我比較不能體會你說的「很厲害」或是「崇高」的意思。但我想在台南人的眼中，夜市就是一種生活場景，好像是巷口的柑仔店一樣，是一種不搶戲卻又不可或缺的存在。然後一直到不知道何時，台南的夜市或是說台灣的夜市，突然變成一種顯學，成爲一個觀光的據點，於是，夜市裡開始充斥著觀光客，接著有了所謂的夜市名攤，每個夜市的攤販都變得大同小異。夜市雖然還是夜市，但已從巷口的柑仔店，彷彿變成了連鎖的量販店了！

H：我好像懂妳的比喻，量販店的大衆化商品與設定好的動線系統，確實常讓購物行爲的模式單一化而顯得無趣。相較之下，有些尚未「量販店化」的夜市還多了些偶然的趣味。

E：就是說啊！我喜歡逛夜市一個重要的原因，就是衝著它的「冒險性」。在滿是人潮的夜市裡跑闖，只爲了找尋自己中意的美食，就有了一點爲理想奮鬥的冒險感，不是嗎？而早期的台南夜市更有別於其他城市的觀光夜市，並非一年 365 天都在同一個地方搶搶滾的營業著。武聖、三星、小北……和數不清的小夜市，輪番在一週七天上演，有時就爲了某個夜市的沙威瑪，得苦苦捱著，等待夜市開張的那一天。就算一直到現在，成了「三分天下」的主要三個夜市：大東、花園、武聖，我們也得熟記口訣：大大武花大武花，才不至於撲了空，去錯了夜市呢！

H：妳的形容很有趣，卻也一點不誇張。台南的夜市的確有別於其他城市的夜市。但是夜市在都市的角色好像並非十分正面，之前台北市不是想把士林夜市地下化嗎？那是因爲一般總認爲夜市也是髒亂的象徵之一。但是在現在的都市裡，少數能讓人們耐著性子用雙腳走在街道上好一段時間的地方，夜市算是很具代表性的吧！人們不願意走在馬路上的原因不外乎機械交通工具的威脅，馬路也慢慢變成了汽機車專用的都市空間，唯一能打破這種限制的就是夜市。從前比較多的是街道式的線型夜市，現在也多了許多規畫過的廣場式區域型夜市，但不管是哪種，都成功讓汽車機車無法在裡頭橫行，即便硬要穿越也只能用龜速前進，大大減低對行人的威脅。在夜市裡頭買吃，就是多了一點得意，那是終於可以比汽機車還要受到重視的爽快感。

E：所以這樣說來，地下化的夜市好像又降低了人的格，爲了要尊重機械，人們只好躲到地下逛夜市。於是乎需要更多的通風空調設備，於是乎照明也是重要能源耗費，望不見天空之後就更少了自在的悠遊感了。我想台灣的夜市，眞正反映了台灣人的生命力，希望政府的政策可別把台灣難得的特色也給量販化了。

火車站的後花園

E：當初大學聯考選擇成大的原因也是因爲你喜歡台南嗎？

H：其實我在上大學之前對台南完全不熟，對於成大也幾乎沒甚麼印象，但是後來發現成大眞的是一個很有意思的學校。我會這樣說，主要是針對它得天獨厚的地理位置，一個校區這麼大的學校，地處南台灣的府城，居然可以跟市中心區的火車站當鄰居，這實在是非常了不起的一件事情。

E：其實成大在我上大學前，好像是個離家很遠的所在，大概是因爲生活圈被鐵道切割，過了鐵路，好像就到了另一個地方。記得高中的時候，到成大校門前的冰果店吃冰，還得特別約好，大夥騎著腳踏車，浩浩蕩蕩的從鐵軌的這邊跨到鐵軌的那邊， 當然也是因爲南一中與成大的親密關係，所以到成大門口吃冰，也多了一點青春的酸甜。

H：若是以現在的都市發展情形，想要在市中心放置一個大學幾乎是不可能的任務，成大占盡地利的關鍵就是創立得早吧！最初叫作台南高等工業學校的時候，成大還只有成功校區，到現在超過八十年間陸續增加了好幾個校區，但是成大始終盤據在台南火車站後站，而我認爲成大與後站就是一種互利共生的關係。

E：生物學上的共生確實也適用在這裡。芝加哥學派❻將都市視爲是一種有機體，彷彿有生命一般自行增生發展。若是將大學城也視爲另一種較小型的有機群，那麼成大和後站的社區結合可以產生的效應，可想而知就相當可觀了。這使得後火車站反倒有了更多元的發展，否則在一般情況下，後站一向成長較爲緩慢吧。

H：這一點在其他城市就相當明顯，像台中火車站後站區位的發展就遠比前站要來得遲緩，這是因爲平面鐵路一直以來就像是都市中無形的牆壁，阻斷了前後站的都市發展的緣故。但是成大在台南就像是火車站的後花園一樣，帶給市中心地區難得的廣大開放空間，並且注入濃厚的人文學術氣息，同時與同樣是鄰居的台南一中靠著學校衆多的老師、學生們，也給後火車站地區帶來源源不絕的人潮與商機。因此，台南火車站前後站是朝兩個方向發展的，前站匯集了古蹟觀光產業與多元化的商業行爲，而後站則形成了一個極具特色的大學城。

E：這幾年成大周邊的發展又跟當初我們在學校的時候差很多了吧，除了後站之外，連帶著原本發展似乎遇到瓶頸的前站舊市區也有了新的樣貌。但可以觀察到的是，這些都市活動似乎有年輕化的趨勢，火車站區順應著大學城的個性，逐漸發展出一種與之前的古早味截然不同的新風格，相較之下，國外的大學校園好像比較難發展出這麼多元的特質。

H：其實我在美國念研究所的時候，倒覺得喬治亞理工學院的校園跟成大有些類似的味道。其中一個原因是因爲校園同樣位於市區且被道路切割，而這些道路都是可以直接連接都市裡的道路的，因此校園跟都市或社區的邊界是模糊的，經常可以在不知不覺中就進入了校園的範圍。有個差異點在於：Georgia Tech 的校園是完全沒有圍牆的，雖然如此，藉由縮小路寬及增加植栽等軟性圍塑邊界的手法，仍成功維持了不錯的校園空間品質與適當的私密性，同時也增加了校園和社區的連結性。這幾年成大慢慢的把一些圍牆拆掉了，取而代之的是一些植栽跟景觀元素，軟化校園與都市街道的介面，我認爲多少可以拉近兩者間的距離。

E：我猜另一個類似的條件，應該是成大的校園也是新舊建築融合在一

左：喬治亞理工學院校園裡最老的建築物——Tech Tower

右：賓大的校園動線系統與都市的街道是相連的

起的吧！印象中 Georgia Tech 也有些比較老的建築物。通常像這樣有對比性質的性格相碰撞時，就容易產生矛盾的介面，但這同時也是刺激新事物產生的媒介。

H：正確。我就是一直覺得成大正好位於地理區位的介面（鐵路的線型邊界），以及新舊歷史的介面。

E：我碩士就讀的賓州大學也跟成大有一點異曲同工的味道，同樣以火車站跟主要的舊市區隔開，同樣被道路分割的校園，同樣位於這個國家的第一個首都，我想，人生就是充滿了這麼多奇妙的巧合。另外，我對成大有另外一份感情是因爲我回國之後，又回到了成大執教的原因。離開的這幾年，成大校園變了許多，也有許多沒變。類似的場景由於有著不同時空的記憶，每個空間容器裝載的我的記憶質量似乎也變得複雜了。你不覺得聊到成大，還是會讓人忍不住回想起那個天不怕地不怕的學生時代嗎？

H：妳現在也還是天不怕地不怕的啊！（笑）

對談之間

H：其實，雖然說是隨性聊聊的幾個話題，但是還眞的有了些感觸。台灣眞的還有好些都市或城鎭有著很可愛的地方，不只是台南。也常會聽到朋友在比較國內外的環境，當然，歐美的生活環境確實有它們迷人的地方，但是台灣的都市同樣有許多活力是西方國家所嚮往的。我認爲重點在於要用甚麼樣的眼光來看都市，夜市不一定就是髒亂與嘈雜的集中營，道路圓環也不見得單純的只是混亂交通的存在場所。都市的紋理不單是就形式上或學理上所討論的議題，用對了方法去感受，許多所謂的紋理就是生活化的小趣味，並沒有想像中的複雜抽象。

E：所謂的「城市賞味」大概就是這麼回事吧！用一種接近品嘗美食的態度去體驗城市、體驗生活，一定會得到與平日忙碌的都市生活中截然不同的感受。

H：很多事情是要在愜意之下才能體會的。

E：這次愜意的對談，的確也讓我重新體會了不少事情呢！

新時代老房子

E：我記得你前些時候有下台南來參加婚禮是不？

H：是的，那是爲了參加我姊姊的喜宴，我姊夫也是台南人。他們那時是在台南大飯店辦的婚禮，雖然是間有點年紀的飯店，但是氣氛還是弄得相當不錯呢！

E：別看它在車站前站了那麼多年，好像有點舊舊的，當初台南大飯店可也是台灣南部的第一間國際級的飯店喔。

H：這我就不知道了。不過我挺喜歡稍微有點歷史的旅館的，我跟我老婆就在捷克的庫倫諾夫住過一間古老的民宿，由店長提供的宣傳刊物推敲它建造的時間，竟然可以回溯到約莫是明朝初期的時代！實在是很驚人。跟這種旅館比起來，五十歲的台南大飯店算是很年輕的了。另外，我在台南還有住過一間很有意思的老旅館，那是我們以前的學長設計的，我猜妳一定知道。

E：你說的是劉國滄學長重新設計的佳佳西市場旅店吧！它的確是一棟有意思的再利用建築，這間老旅館早在1970年代就已經在大菜市❼旁邊開始營業，由台灣第一位女性建築師——王秀蓮❽女士所設計，當時在飯店的二樓還有西海岸西餐廳，在那時候也是很高檔的用餐場所，非達官權貴還沒辦法進到裡頭一探究竟呢！只是隨著時代變遷，老旅館終究不敵時代巨輪而宣告歇業，荒廢了好一陣子後，才由國滄學長和一些志同道合的夥伴共同改造，成了現在的佳佳西旅店。後來我也找了機會去參觀，現在旅店裡有各式主題的房間，確實替這棟老建築注入了新生命，還有些新舊交替的趣味，在某些角落依稀可以見到舊時候的影子。不過不知怎地，對我而言那彷彿少了些說不上來的味道，或

佳佳西旅店與老榕

許是我對故鄉的舊事物有著太多的感情吧。倒是旅店旁的老榕，默默地用最誠實的姿態守護著這棟老房子，跟她曾經活躍過的時代。

H：事實上，台南的老房子真的是很多，我所說的「老房子」也包括古蹟跟一些歷史建物。在目前台灣的五都中，台南的舊建築群密度應該是最高的了，在時代如此快速的推進之下，台南的老房子們仍然在這個城會區中占著一席之地，（E：應該說是好幾席的地。）我認為很難得。而這其實也是持續有爭議的一個議題，也就是舊建物在飛快發展的城市中是否有其必然的保存價值。新舊之間會產生的矛盾不只是空間或建築意義上的，更多的衝突會發生在都市層級的問題點之上。

E：若單就普羅大眾的觀點來看，舊建築的立場似乎沒有那麼被看好。至少大老闆們站在開發與利益的角度，是不會太去注重所謂的歷史紋理的，而政府對於所謂的歷史性建築維護也沒有太積極的作為。不過相對來說，在建築教育之下，不論是實務界或是學界，對於尊重歷史這個共通原則倒是沒有太大的異議。

H：那荷蘭建築師 Rem Koolhaas 大概是個例外。也不是說他就不尊重歷史，而是相較之下庫大師更傾向於「面對現實」，並且找出應對現實問題的方法。所謂的現實就是這數十年間整個環境的巨變，不論是建築的巨大化、垂直化，還是都市的快速化與生活的數位化，歷史建築在面對這種突進往往明顯地滯礙而跟不上腳步。我同意在「移動性」與「普遍性」等新觀念暴風似的崛起的這個時代，守舊的老房子、老城市其實很難找到具有十足說服力的立足點，就算企圖用文化價值或傳承意義等較抽象的層面，來替維護歷史建物的理念找到合理的支持，也難以掩蓋與現代化脫節的鴻溝。

但是在台南這個城市完成建築養成教育的我，卻始終有種念舊的情懷深刻影響自身的價值觀。像是孔廟這種大型的古蹟，原本就存在有歷史深刻的痕跡及宗教信仰特有的莊嚴，加上建築體本身與其外部範圍都維護得很完整，在它周遭便產生了對都市空間的無形影響力（有些日本建築師會稱之爲「場」）。我想，要感受這種場域在都市中的存在應該是很簡單的，不論是斑駁的圍牆，或是雕工細緻的木造建築，都透露出一種歲月洗練之後的濃厚氣質，即便不用太多的建築元素去點綴，也可以輕易創造出不一樣的都市空間氛圍。

E：我也很喜歡孔廟給人的中式古典美感，但就算不是那麼大規模、歷史那麼久的老房子，也還是很有魅力的喔！舉例來說，孔廟對面剛修繕完工的愛國婦人館❾就是一棟我很喜愛的老房子。其實小時候對它的印象並不深刻，只記得莉莉冰果店旁邊有一個凹進去的空地，後面坐落著一棟不起眼的小房子，那是當時的中區圖書館（你知道，一向不太認眞念書的我跟它可以說是完全無緣）。

回國後，這個空地就被工地的鐵皮圍繞著，一直到今年初歷時兩年多的修建工作完成，才揭開這小房子的神秘面紗，恢復了這棟兩層樓日式建築的昔日光采。退縮的建物留出了舒適的小廣場，也拉開了與繁雜街道的距離，全棟木構造的建築給人一種親切的感覺，踏入室內，彷彿回到了 1940 年代。鴨間、敷居等日式傳統空間忠實呈現，脫下鞋，拾階上二樓，卡滋卡滋的木板壓擠聲，讓人可以眞實的體會到建築物的生命；座敷之間的主人柱❿已經被蛀蝕，聽說承建的廠商是遍經尋覓，進口一支長滿樹瘤的黑櫻桃木，才終於讓它恢復原貌。

H：木造的老房子眞的是有種特別的魅力呢！不過不只是木造房子，我還經常會被其他舊時常使用的建材所吸引，或許是因爲當時並沒有先進的工程技術，使得像是木材、磚塊、石頭等材料都得依靠人力堆砌建造，而讓建材本身具有十足的人性。然而建材是建築之所以能反映時代最重要的原因之一，也是新的技術與材料賦予了建築時代推進的意義。

雖然都說是老房子，但畢竟還是存在於新時代的，所以我覺得，若能夠讓老房子跟著時間歲月的流動而逐漸變化，不論是甚麼形式的改變，對於被叫作老房子的建築們來說不都是新生的意義嗎？其實我認為建築物應該要跟生物一樣是被允許變老的，然後在風華逝去的時候，還能用新的方式釋放壓縮在其中的能量。對我而言，能夠像這樣把時間寄託在空間與物質中不斷傳承，就是一種永續。

嗅出街巷的味道

E：2007 年夏天的時候，我們在巴塞隆納市區閒晃，不經意地鑽進一條小巷弄。那是一條存在於舊市區中非常不起眼的小巷，但是略為曲折的路徑讓人無法一眼看透整條巷子，泛黃牆磚的暖色調讓有些陰暗的巷弄空間有了種令人產生好奇心的魅力。那條巷子至今仍令我印象深刻，而我會提到它，正是因為那時候我在那迷人的巷弄裡，似乎感覺到了我在台南的老街巷弄裡所讀到的故事性，而這樣屬於街道的故事性是不用語言或文字來陳述的。

H：這讓我想到我們大學的畢業展，當時我們為了展覽場地的選擇還開了好幾次會討論。其實原先是屬意以台南火車站的二樓作為展場的，後來考慮場地的安全性等問題而放棄，最後才突發奇想決定在神農街的空街屋裡頭展覽。從海安路到康樂街之間約莫一兩百公尺長、四米左右寬的神農街，大概有五、六間閒置的空屋，同學們齊心協力地把一間間廢棄空屋整理出來，然後再以附加的形式架設展覽用的木構架，有時也會和當地居民們閒扯，回想起來竟然有種「社區營造」的感覺（笑）。

神農街舊名北勢街，原本位於從前府城五條港區的中心，曾經是非常熱鬧的街道。我們初次為了現勘而造訪時，雖然街道房舍都已經顯得沒落，但陳舊的磚瓦木片卻掩蓋不了它曾經擁有的意氣風發。由於佈展的原因，我們需要深入街屋整理，卻也因此挖掘出被藏在時間裡的故事，長型的街屋、透光的天井、通往二樓的陡峭小木梯……有些劇情是交纏在清代和日治初期的建築樣式上，更有些迷人的味道是從磚牆與梁柱的紋路溢散出來。這些是我們畢展場地選址時所沒有預期到的事情，一條過氣的老街竟然收納了如此豐富的能量，這些穿越時空而來的感動，正說明了空間塑造之所以需要融入時間紋理的理由。

E：是呀！不知道是不是我們帶起的風潮（總是要往自己臉上貼金的！），但大概眞的差不多是從那之後，神農街開始慢慢發展藝術造街的活動，許多我們當時利用的空屋，被藝廊、酒吧、餐廳等等進駐；如今，神農街已經成爲來台南必去之處，白天可以逛逛創意商品，或去臨海安路的神農街口的「永川大轎」⓫看看做工精細的大轎⓬；晚上可以在搖曳的燈光下喝喝小酒，坐在窗台的位置，好好享受台南街巷的舒適優哉，微醺的台南夜晚更顯得浪漫迷人呢！我想很多地方往往會因爲觀光客的湧入而失去它的魅力，不過，雖然神農街也免不了地已經有點「景點化」，我覺得它還是保有它的可愛，可能是因爲街道的尺度（H：四米的寬度眞的是很舒服的街巷寬度，人跟人感覺很接近！），可能是因爲建築的歷史，也可能是因爲它還是一個充滿「生活」的所在，所以眞實，而引人入勝！

H：現在回想起來，我在台南走過了很多可愛的街巷，其中有些更是富有戲劇性的空間張力，我喜歡說那是一種街巷的味道，或是生活的味道。

E：最近因爲家人的聚會要去探訪巷仔內的美食，而有機會踏進了信義街。這條街跟神農街都處於昔日的五條港區⓭，身爲老台南的我，還眞是第一次走進來，從巷口的牌坊就感受到這條街道的古意，雖

兌悅門

然整條街保存得沒有神農街來得好，不過也因此留下更多有趣的小角落，多了些探險的感覺。

我們去的餐廳藏身於一棟一百多年的街屋當中，老闆娘準備的家常菜，配上磚牆木梁，好像回到巴塞隆納小巷中的神隱咖啡店，時光也就此靜止了。飽餐一頓後，大夥兒還悠閒地往巷子的另一端蹓去，走著走著，眼前竟出現了一座城門！「兌悅門」⓮三個字在月光的照射下依稀可辨。三五居民就坐在城門上，透著老樹涼風聊天說地，見了我們一行人經過，也樂得跟我們打招呼問好。我想這大概就是台南的味道！是居住在大城市所享受不到的生活場景，台南如果少了這些蜿蜒曲折的小巷道，似乎少了台南之所以為台南的味道了！

H：我可以想像妳說的「味道」，其實所謂的戲劇性本來就有結合了空間與時間的涵義，而像街道這樣線性的都市空間元素，由於需要時間來通過的這個特性而能將空間與時間元素揉合，至於能不能創造出所謂的張力，就要看街道或都市本身的性格特質了，當然街巷內的活動也必然會有影響。

台南的優勢在於都市本身就擁有許多故事，混搭的街道系統也容易產生較無條理的小巷弄，通常就是在這種沒道理的巷弄味道才會讓人有沒來由的感動。像我自己在台南念書的時候，就很喜歡在大學路十八巷裡「尋寶」的感覺，當時的成大學生一定都知道巷子裡的安靜住宅群之中，其實還藏了很多精緻的餐飲店。加上十八巷還保留了台南巷弄的「經典款式」，巷道狹窄且略爲曲折，於是和巷弄外的紛擾街道形成明顯的對比，更在巷子裡塑造出一種類似秘境的情境。

說到這裡，我突然覺得要享受都市中這種意外空間，似乎還需要些想像力呢！

不只是 Shopping

E：若要你在歷史性或是空間架構之外提出台南的特色，你還會想到甚麼？

H：嗯，這個嘛……應該是多樣化的商業行爲吧！舉個例子好了，通常一個都市會有其顯著的個性，很大的機會是因爲其中的商業活動，像是工業城、觀光城、甚至是賭城等。台南的商業活動是很多元的，當然小吃飲食就是其中很有名的一種，另外像是我超愛的巧克力專賣店，或是很有意思的整人玩具專賣店，則是一些爲了特別的商品而存在的商店。有時候這些個商店中同性質的也會成群的聚集，這時候就會產生一種有趣的效應，街道空間會因此變得有個性。像是北門路上就集結了書店跟 3C 商店等跟學生們有關的店，而南門路兩旁則有許多令人印象深刻的精緻簡餐店，這些商店族群造就了台南街道不同於過去的新性格。

E：這麼說來，友愛街也是一條很有特色的街，相信你一定也不陌生吧。我小時候如果要看電影，就一定得要到這兒。你知道嗎？在台南還沒有華納威秀、國賓戲院的年代，我們就有七家電影院了喔！而友愛街這短短幾百公尺的街道兩旁，就有兩家在當時規模算是頂大的戲院——就是老台南都知道的「南都戲院」和「南台戲院」。友愛街也因爲這兩家電影院和附近的沙卡里巴⑮的關係，聚集各式小吃攤，滷味、串烤、鹹酥雞……應有盡有，以前看電影，總要在外頭帶齊了零嘴小吃，才肯安心進到戲院。那種邊看著電影邊啃著鹹酥雞的快感，是在高規格的電影院裡享受不到的（現在雖然已經開放自帶外食，但是味道比較重的熱食還是被禁止的，所以鹹酥雞一類的美食都理所當然的被排除在電影院外頭囉）。

不過要比高規格，當時南都戲院的建築物可也是氣派得很，退縮的電影院大廳配上大理石鋪面，二樓還有整面的玻璃窗可以看著電影院前的人來人往，甚至賭神II也來這裡取景呢！只不過傳統的戲院，終究拚不過連鎖電影院的競爭，南台戲院和南都戲院在21世紀初，相繼拉下鐵門，結束營業。

南台戲院雖然這幾年又重新開幕，不過友愛街的人潮已經不若往昔，南都戲院也被開發商相中，成爲南台灣第一個民間提案的都市更新案基地。老戲院拆了，取而代之的將是所謂的現代化綠建築大樓，雖然聲稱會有一個公共藝文空間，但昔日的記憶、那種人們自然累積出來的文化豐富性及生活裡的小趣味，大概也會隨著都市更新而被「更新」吧！

H：對於南台、南都戲院曾有的盛況我還是有深刻印象的，那時候就連機車要進去找到停車位都不是件容易的事情，這兩家戲院確實爲友愛街創造出非常動人的面貌，若如妳所說這些事情都將要被「更新」了，老實說，我還覺得挺不捨的。

左：中山路上的南方公園
右：紐約街頭

回到我剛才提到的商業活動，就拿友愛街的戲院效應來說吧，這時候以戲院爲中心的商業活動就不會單純的只是 shopping 的行爲了，因爲這些活動正在間接形塑出街道空間的性格。正如同先前所提新舊元素的交互融合可以活化都市，商業活動也可以視爲一種可以爲街道及都市帶來活力的行爲。其實這是容易理解的，若將都市看作巨大的生命體，生物多樣化的原理架構同樣適用在這裡：越是有多樣化的活動系統存在，整個都市的運轉越容易永續發展。

現在台灣都市舊的中心區多少都會有飽和或者沒落的現象，種種原因造成發展重心外移到都市邊緣或是所謂的重劃區。但是其中某些重劃區過於生硬且一成不變的規畫方式，卻讓這些地區本該有的活力並未隨著地價房價水漲船高，於是造成一種常見的現象：都市中充滿著大型的高層集合住宅，白天並未見到街道上有活絡的人群，而到了夜晚也不見大樓的窗戶透出滿滿的燈光。在這裡暫時不談住宅資產化與空屋率的問題，但是都市活動的嚴重失衡卻是導致城市失去生命力的必然原因。但是我所接觸到的台南，就比較少這樣的問題。

E：正是因爲台南的都市發展史中混雜了居住、商業、文化、觀光等不同的元素，所以使得現今的台南有了多元化的樣貌，有人稱她爲擁有歷史意義的府城或美食天堂，但也沒有人會忽視台南的學術人文氣息。這些事情讓台南的街道上充滿了活力，上班的人、逛街的人、學生或遊客等各式各樣的人，都替都市注入了源源不絕的生命力。

現在的台南，老街依然有老街的味道，但近幾年來台南也新發展出一些有趣的「潮街」和「潮區」，像是中山路上的「南方公園」就是一個例子。這個地方本來只是署立台南醫院前面的停車廣場，就在我出國的這幾年被重新規畫後，成爲時下年輕人聚集的場所。

不過不知怎地，我一直沒有想要去那兒晃晃的念頭（H：是因爲已經是不同的年齡層了吧！），倒是有一次外地的朋友來玩，跟我約在那碰面，我這才眞正踏進南方公園。「南方公園」其實並不是一般人印象中的「公園」，除了有當初在規畫時特意保留原有的大樹，還有許多的店家，店家前也都有適當的退縮，並在開放空間的部分設置戶外座椅。於是原本封閉而沉悶的停車場被開放給更多的民衆活動，除了商業行爲的加入，也提供醫院病患和家屬緩和情緒的休憩空間，商業、休憩、醫療活動於是在這個地方開始混搭，進而讓這附近一下子活潑了起來。

H：這裡妳又說到一個重點，異質元素磨合之下產生的轉變（也就是「混搭」的效應），也是都市成長的必要因素，這是因爲還必須同時考慮到時間向度的原因。時代的推進讓都市的發展方向也必須跟著調整，一個健康的都市體質本該擁有反應外部環境的機制，也就是會隨著環境的變遷、時代的進步而自行衍生新的對應，於是都市才能夠跟著時間一起往前，而這跟生命的演化理論恰好就不謀而合了。

除此之外，在台南熱鬧的區域並不具有集中性，也就是說，這些鬧區會依照發展成因的不同而呈現不規則散布的狀態，因此不同種類的活動均衡地在都市內部發生。妳剛才也提到居住、商業、文化、觀光等不同的元素，當它們混搭著發生，並且在都市中散布時，這樣平面空間分布上的混雜狀態，其實也增加都市的穩定性。

E：台南近幾年來有許多校園圍牆紛紛拆除，取而代之的是親切溫暖的綠籬和開放的視野，也讓校園的空間充分分享給整座城市的居民，於是現在的台南市區又多了更多不同性質的活動了。最好的例子就是孔廟旁邊的忠義國小，由於特殊的地理位置，忠義國小在重新規畫後，將操場和孔廟的園區腹地結合並對外開放，成爲現在許多重要節慶的活動地點，在這裡休閒、教育、宗教結合了。另外，位於安平德記洋行對面的西門國小也有了新風貌，這所創立於民國二年的老學校，由於空間改建需求，將本來的操場當作新校舍的基地，原先校舍所在的位置就成爲現在安平樹屋前開放的大操場。

H：聽起來像是大風吹一類的遊戲？

E：正是如此！就在這樣的大風吹之下，一個對著重要景點的開放空間就這樣產生了，平常是小朋友跑步上課的場所，到了假日就成了觀光客的殿堂，所以觀光和教育也結合了。這樣多元而彈性的使用，大概也是台南具體而微的表現吧！

H：從畢業離開台南之後，一直到最近幾次回台南，我確實陸續在台南看到了不少的轉變，但大多是不同的都市發展元素在磨合的過程中所產生的。跟妳聊過之後，又多知道了些關於台南這個城市體質改變的細節，還滿開心的，因爲知道她也許和我記憶中的台南不再相同，卻在用自己的步調成長的同時，還保有著令人熟悉的舊味道。我很期待將來可以發現台南有更多新的魅力，但更希望她不要失去了充滿榮光的本質。

E：我想這是許多喜愛台南這個城市的人們共同的願望吧！

對談之後

H：可能是有一小段時間沒回到台南，帶著一種既陌生又熟悉的感覺聊台南這個城市，託您的福，彷彿又從其他角度再認識了她一回。

E：好說好說，我也從這次的對談中又加深對故鄉的情感了。

H：這次談到了不少關於人與都市、或是時間與都市的事情，現在的都市計畫系統大多還是著重於空間方面，但是我眞的覺得人才是掌控都市精神的關鍵，而時間更是根本就該與空間一起被當成都市議題的一個必要部分。

E：這點我同意。簡而言之，都市應該要與生活在其中的人們一起跟著時間而成長，並且把創造人們共同的記憶（不管是過去或現在的）當成存在目標之一吧！

黃若珣（E）

國立成功大學建築學士，美國賓夕法尼亞大學建築碩士。

現任國立成功大學建築系講師。

張子浩（H）

台灣台中人。

國立成功大學建築學士，美國喬治亞理工學院建築碩士。

曾任美國 T. S. Adams Studio 建築設計師；現任 U. TECH 技聯組工程顧問公司專案建築師。

註❶ 追求現代化都市的日人企圖改善殖民地不良的衛生條件和污濕巷弄，西方取經的心得即是美麗又寬闊的都市公園，就物理環境的觀點而言，公園提供了都市空地，有利於採光、通風以及下水道工程所需的腹地。

註❷ 表演工作坊推出的第三部作品。這齣戲是以台北市南京西路圓環之歷史變遷為象徵，來探討現代台北人錯綜複雜之感情關係。

註❸ 台南大舞廳，建築物外觀有著五光十色 LED 燈的國標舞舞場。

註❹ 基於市中心公共土地難求，城牆、城門所在位置暫時提供當時日人對公有土地的需求。

註❺ 五連厝老屋，建於 1932 年，為蘇姓屋主所有，中央棟有三層樓高，山牆上還留有蘇氏鮑魚飾泥作，左右翼各延伸出兩單位對稱的二層樓高立面，洗石子表面的建築表情細膩精緻。從外觀看來雖是五連棟街屋，不過這是利用圓周視覺上巧妙地內外延伸，讓四戶較小的室內空間在弧面上切出更大的五個單位立面，所以北翼的兩個立面同屬一戶。

註❻ 芝加哥學派，E. W. Bergess 與 D. J. Boggue 將都市視為一有機體，則其動態的變化過程會出現成長、成熟、衰退、沒落或更新等現象。

註❼ 台南的大菜市，泛指民生路、中正路、西門路、國華街圍起來的菜市場。

註❽ 王秀蓮，台灣戰後的重要建築師之一，身為棉布行的老闆女兒，考上成大建築系，成為台灣第一位女建築師，目前居住於台南自己設計的自宅中。

註❾ 「原台南愛國婦人館」興建於 1940 年，1998 年被指定為臺南市市定古蹟，屋齡雖不長，卻因政治更迭，歷經多種使用，1946 年撥借給中國國民黨作為辦公空間，1948 年改作為美國大使館新聞處。1979 年改為中區圖書館，直到 2001 年圖書館遷移。

註❿ 愛國婦人館二樓的一之間二之間和座敷之間都設有「主人柱」，這是日式建築的獨特方式，在小孩出生之際，就種上一棵喬木，等到小孩成家立業，蓋房子時就取下這棵樹木做為主人柱。

註⓫ 永川大轎，創立者為王永川師傅，出生於民國二十一年，於退伍之後開始從事神轎製作，無師自通闖出一片天地，其神轎作品散見全台各地；儘管年逾七旬高齡，仍持續工作，並於 2009 年獲得第十五屆薪傳獎。

註⓬ 大轎是民間信仰裡神明出巡遶境乘坐的神輿，精美神轎是神明的禮讚，轎身裡外均雕刻精美，花堵人物栩栩如生，以傳統工法打造的神轎，彷彿傳統藝術殿堂的縮小版，淋漓盡致呈現傳統工藝之美。

註⓭ 十七世紀中期，今台南市西門路以西的地方是一片汪洋， 稱作「台江內海」，後來因為長年累月的淤積，才使得海岸線西移，成為今日所見的台南市。於清朝時期利用在沼地形成的水道，開闢發展出五條可暢行貨船的商業機能港道，即為「五條港」， 由北而南依次是：新港墘港、佛頭港、南勢港、南河港、安海港。 當時是府城對外貿易的心臟地帶，繁盛一時。

註⓮ 兌悅門，是「台灣府城大西門」的外城門，兌者即八卦的正西方，故名。由於城門多以老古石（即珊瑚礁）為材料， 所以兌悅門也被稱為「老古石門」。兌悅門是目前「台灣府城」中唯一現存的外城門，更顯其珍貴。

註⓯ 「沙卡里巴」是日語熱鬧市集的意思，同時也是府城台南康樂市場的另一個別稱，在日治時期，沙卡里巴商圈裡聚集了許多美食，1992 年因為海安路拓寬計畫，許多商家因而搬離。

神農街口的永川大轎

我的青春，我的島

蔡淑君

18歲那年離開後，我和島每年約會三個月，寒暑假各一次。那時候島上的人們知道孩子大了，注定要分離。（同學知道妳從島來，總是問，有電燈嗎？需要簽證嗎？或是，妳家養海豚？）

24歲，開始工作。每次回去最多就是三五天，一年四次，工作挫折越大，次數越多。同學們慢慢回到島上，有些當老師，有些公職，也有些，一直守候著，未曾離開。（那些年島上沸沸揚揚談起了賭場。有些悲哀的母親們說：我同意，如果可以把孩子留在身邊。）

28歲以後，彼此的連結剩下過年。

島上有了五月花火節，從五月一直到暑假結束前，機位天天一票難求。人們終於知道它不偏遠（麥當勞和7－ELEVEN、星巴克這些城市的痕跡總是有的），朋友中慢慢有人造訪，羨慕妳在島上長大，羨慕妳有一片心靈海洋。

這麼回想起來，青春最好時節，島正孤寂卻美麗著，夏天人們騎著機車蜂擁而過，那一刻是整年最喧鬧的時刻。其他的日子，剩下烈強與殘弱之間吹呼的東北季風，以及深居的島民。

一些年後，玄武岩、浮潛、帆船、古蹟、沙灘、海鮮、花火節、小三通、賭場、民宿、夜釣小館、雙心石滬、黑糖糕、花枝丸……每個關鍵字都代表一種新的詮釋，關於一座外島，一層美麗的妝容，一次親近的印象。

在我逐日告別青春的時刻，島，有了青春飛揚的姿態。對應於心中深邃的情感與心境，幾乎有著：「它彷彿褪去往日熟悉的靦腆樸實，換上陌生的妝容」這樣的失落。

我的島，叫做澎湖。

而我的旅行印記，確實和外來者很不一樣，至少情感與身分就是。

東北季風，溫暖的呼喚

回想起澎湖，我最最懷念東北季風。老家的房間在東北邊，每逢冬天

菊島的美在夏日，在冬日。在每一個停住的瞬間，在龍舌蘭林（攝影／趙世裕）

風從窗戶縫隙竄入，滿屋子冷，有時甚至無法睡人。高中時一跨出校門，總是低屈著背脊，一個不小心就怕被風給吹飛。冬天騎機車更是一場嚴苛的技術考驗，總是大馬路上被吹偏了，或甚根本無法如速前進。顏色也是。湛藍以及被烈陽照得豔麗、濃重的大地、公路與樹，漾著波光的沙灘於是在一瞬間成灰。東北季風挾帶著「鹹水煙」掃過的地方慢慢褪色，直到最後成了記憶中的灰色。我怎麼覺得，這灰，才是島上深邃而眞實的面容？

因爲九月東北季風一來，遊客不來了，島變成只屬於島民的，東北季風吹拂下灰色的澎湖，變成只有歸人才有的印記。

那年，帶著決定託付終身的人來到島上，是二月冬日。在我偏執的觀念裡，夏日屬於觀光客，若要了解澎湖，請冬日來接東北季風。（幾年來那一半已能從容在海港旁的咖啡館內書寫或是翻譯，在灰濛中進行短短的旅程。）

而在灰的時節回到島上，每次下飛機最先感受到的是一陣亂髮狂風，那如同回家的召喚與儀式。那一瞬，竟是我心最溫暖的瞬間。

秘徑上的天人菊

印象中好像長大了，才對夏日裡尋常存在的天人菊有所依戀。澎湖，又稱菊島，率性開朗的天人菊是縣花，每到夏天在空地上像著火一樣漫開著，是島上難得的花草盎然時節。我猜，每個澎湖人都有一條秘境，是關於或是專屬於天人菊的。

我的秘境若要指路，恐怕也難清晰的指出是幾縣道接幾縣道之類的。大約只能從我家的湖東村最具指標的湖西國小前大馬路說起。

大馬路經過學校往龍門方向走，經過一間廟以及面貌十分相近的澎湖民居（大約是三樓高度，白色或藍色或紅色丁掛磚）後，爬上了一個坡（那坡留下我小學騎著腳踏車往下飆速，把後座的妹妹拋進水溝與韋恩颱風抵達前的黃昏，載著花生的母親遺失了幾顆眞牙的紀錄），坡下坡上連續幾條可以騎車經過的產業道路是通往「南寮」村，繼續往前，大概快要可以看到「龍門」村落時左轉，就是可以通往果葉村的小徑，兩旁都是田地，村落隱約出現，就是秘境裡的天人菊。

特別，是我生命裡的觀點。幾次想推薦朋友列爲私房景點，幾次又換成「啊！去吃阿東餐廳」、「去看果葉日出」這種書上會寫的觀光點。

它一直被放在口袋，等待著被掏出。感受能量越強的，越需要在這島上找到天人菊秘境。

媽媽的家在奎璧山下

媽媽說起來比較像是海的女兒，某部分來說，是她的遺傳給了我海的基因。媽媽的家在湖西鄉一個叫北寮村的海邊村落，潮退了可以走著本來埋在海水裡的碎石子路通向一座山；漲潮了路被海水淹沒，又回到一個村，

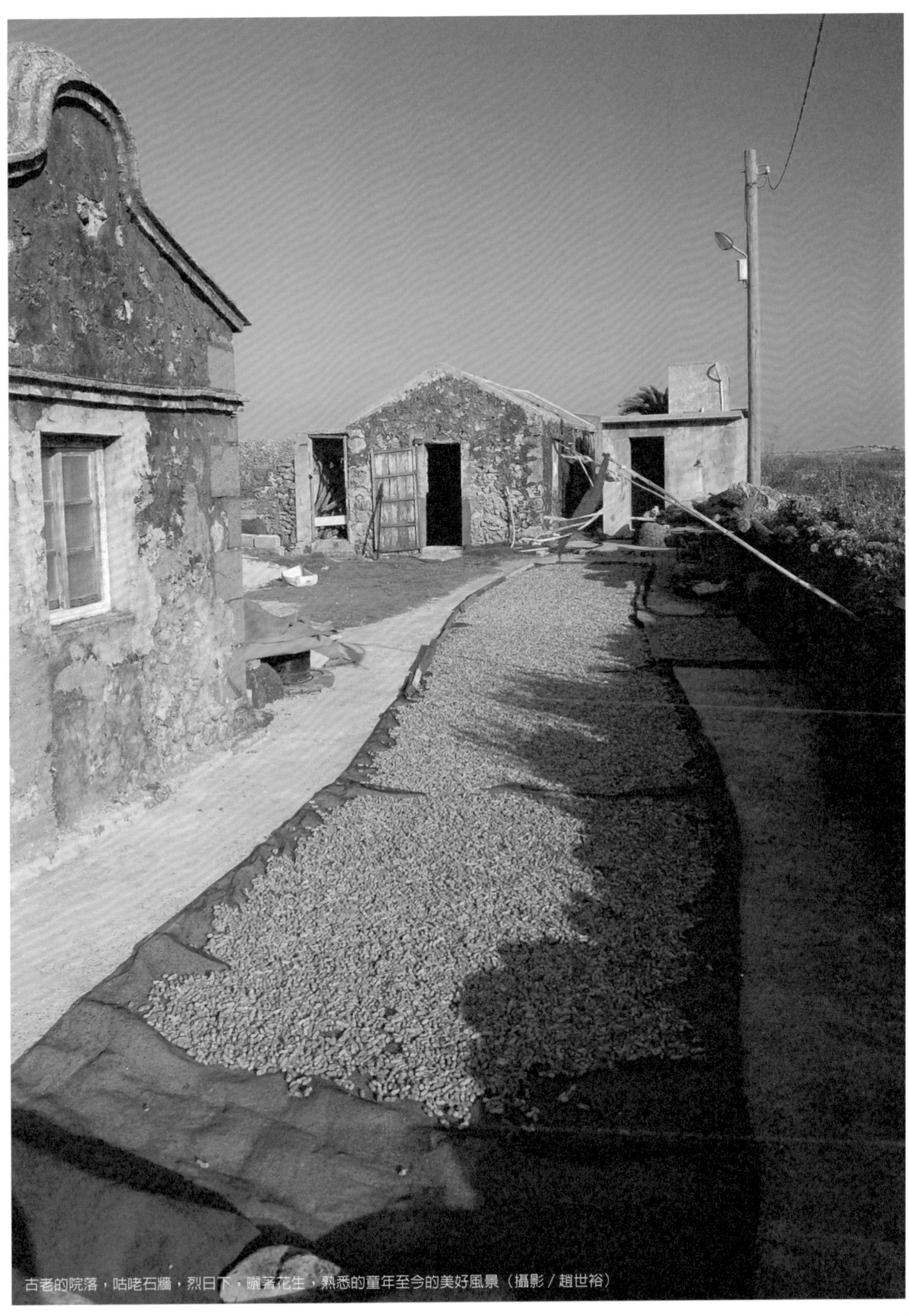

古老的院落，咕咾石牆，烈日下，曬著花生，熟悉的童年至今的美好風景（攝影／趙世裕）

上：每一個澎湖人都幸運地擁有一片海的風景。那是儲存在生命中重要的養分。（攝影／趙世裕）

下：外婆家的奎壁山是小時候的遊樂場，海浪的聲音是我們心中最是珍貴的樂音吧。（攝影／趙世裕）

一片海，一座山。

媽媽的、我的外婆家的奎璧山，我們從小管它叫「烏龜山」，台語國語化，「奎璧」，「烏龜」也。

一年到日本旅行，由JR逗子車站轉汽車到葉山美術館，下車一陣海味，又是山又是海。我忍不住驚呼：好像外婆家。看日劇「海灘男孩」竹野內豐與反町隆史海邊的旅館，我總是覺得外婆家才是夢幻海邊住宅：

駐防軍隊山頭下的外婆家一面是山；兩面是海；另一面是道路與鄰居，海沒有變成港前，院子出去就是海，（抑或說海才是院子？）幾個樸拙的石階下就是海水；房子左側的三個房間窗外就是海，入睡、清晨，海浪的聲音就在耳邊，安安穩穩，一首多麼奢侈的催眠曲。

到現在，我還是需要常常去海邊，聽聽浪潮。在浪的聲音裡，彷彿回到了島。

一旦在澎湖安安靜靜聽過海浪一夜，那就是記憶一生的耳裡的菊島了。

青春留在白色沙灘上

剛到台南生活，曾經站在「黃金」海岸遲疑著要不要讓雙腳踏進黑沙灘裡，那一刻，又深深眷戀起了澎湖的白沙灘們。

那片山水白沙灘，有著我們青春恣意奔走的年歲：17 歲那年第一次當伴娘，我們歡愉地在沙灘上奔跑著；剛過 18 歲的暑假，我們的離前「壯遊」把這片沙灘列爲一站，然後每次回去，這青春的一站場景從白天變成夜晚，我們邊看著捕小管的漁船燈火遠遠近近，腳前的海浪不斷向前傾蔔，夜深深地碗，裝盛著滿斗星光蓋了下來，分享著離開島以後分散各地的生活。忘了哪些笑語，卻仍然記得星光閃爍，浪花拍打沙灘，那夏日的溫度與青春的狂盛。

後來是從機場走路可以到的隘門沙灘（有一年終於伸手交出的私房景點），藏在樹林間還是個秘密的時候，啤酒、鹹酥雞，多年不見的老同學，心臟都聽得見的海浪聲，我們追逐嬉戲、話說從前，或者甚麼也不說，就只是貪婪地收錄著家的海潮聲。

如果曾經貢獻一個夜晚給沙灘，就會發現，總在心裡藏了一座沙灘的澎湖人有多幸福。

到了外垵就算旅行

島上的生活是封閉的。那種封閉也許是後來我愛旅行的某種連結與暗喻。

一直感覺既親近又陌生之處是漁翁島——西嶼的外垵。那是親近的親戚回來陪著玩才到得了的遙遠地方。這地方觀光客一點也不陌生，是西臺古堡所在。之於我那青春的年歲，騎著機車航向一個從馬公公車總站出發約莫 50 分鐘的路程的遠方，就是一種如同旅行般神聖的存在。

進入到漁翁島之前的路程就萬分迷人。今年夏天在日本瀨戶內海間的旅行所感受到的對於海洋的讚嘆，這段路也有。窄腰的白沙鄉由幾座橋連接著幾個村落，最蛇腰處是馬路的兩旁是海，一邊和島嶼平行奔馳，一邊是浩瀚汪洋。夏日陽光灑落海洋，躍動著一片碎金，加上近幾年來的草原上的白色風車，絕對，足以構成記憶的收藏品。冬天灰色的浪滾動著，灰裡來風裡去，海水有時噴上了過客，如同一個儀式。意思是：經過我，才能明白我。

這樣子，「中屯」過了（啊，白色風車），「講美」過了，「赤崁」過了（往北海的渡口），「後寮」過了（好友說他總在大浪來時聽潮聲），「通樑」過了（百年榕樹紮根處）。終於。終於來到跨海大橋。

穿過長長的海洋（左手側是靜靜對望的馬公市觀音亭），就到了漁翁島。本島上少有的山景（對青春而言是座大山啊），島的最尾端處有坡道，過了叫內垵的村落後往上爬……

靜靜躺在你左身下的村落，屋頂、小徑、漁港，如同某個電視上看到的日本漁村，如此靜謐著；坡上的大草原上的牛群、那快閃的幾個畫面，凝結生活的景象。最浪漫的方式就是落筆將之凍藏，久久都是記憶裡的新鮮。

很久以前聽說哪個主播買了一塊看海的地，約莫在這之間。在我青春旅行的路上。

上：菊島的聚落分布，可耕作的田與居住的家，就是這樣靠近著（攝影／趙世裕）
下：每個澎湖人心中都有一處天人菊秘境，如果您花了時間閒晃，
也許不必指路徑就能擁有一個島上的美麗記憶（攝影／趙世裕）

境外旅行 01

迷霧之城，婆羅浮屠

李俊明

在雨季來臨之前，我背起了帆布包，飛到了一個全然陌生、熱帶之境。那地方是那樣靠近赤道，以至於全年皆夏的氣候，只被那來來去去的季風季節左右，產生一點降雨與溫度的差別。

可是儘管陌生遙遠，人們終究還是不遠千里，來到這位在印尼爪哇島中部、有個奇特名字的小城——日惹（Yogyakarta），爲的就是要看一眼，那幾百年前人們用苦勞所蓋出的巨石廢墟。

現代流行的建築主題之旅，總忙著尋找知名大師的作品，一個點跳著一個點，一個站停過一個站，總是讓人忍不住貪心地想開眼界，長見識。但這樣的旅行次數多了，也讓人感到有點煩膩。我就想，能不能一次就去一個城市，好好看一看？能不能不專找那些正在風頭上的酷建築，就看那沒人知道誰蓋的，幾百年來自由自在存在著的文明？

我腦中閃現了像是漂浮在森林之間的巨石佛塔影像，那是日惹近郊的婆羅浮屠（Bourobudur）。於是我即刻收拾行囊，再也不想猶豫。

我記得抵達後隔天清晨，剛被旅館 Morning Call 叫醒時，從窗戶望去，天色連濛濛亮都還不到。摸著黑，拎著旅館給我準備的餐盒，跳上在暗夜等著我的休旅車。

打開車門，我發現同行的還有三個法國人，中間是綁馬尾的年輕女孩，旁邊是她的爸媽。這車在一片濃濃睡意中緩緩滑動，穿過疲憊的街、昏黃的夜，慢慢往郊外行去。

不久之後，隨著東方初露魚肚白，婆娑的椰影、晨曦中的稻田、小溪逐漸映入眼簾，最後，一群壯觀火山現身地平線遠方，我們駛近目的地，誕生於九世紀的難解之謎——婆羅浮屠。

位於日惹西北方約四十公里的這處佛教遺跡，夾處兩座火山之間的肥沃高地上，遠遠望去，印尼最活躍的梅拉比火山（Mount Merapi）峰形秀麗，拔地而起，給人一種神聖、聖潔的感覺。我逐漸了解，爲什麼當地人將之視爲「神山」。

我沒有宗教信仰，不過對於與心靈相關的宗教古文明或老建築，卻有很深好奇。造訪這座列為世界遺產的佛教聖地，雖然有點臨時起意，但我想也是早晚的事。

我常常在想，也許人常把一些平常生活中不經意觸動內心的念頭藏在心裡，但沒有去深究它。而我恰恰相反，常常把這些觸動我的念頭或影像，當作旅行的一種動力，一種神秘的召喚，想要去看，想要去身歷其境，想要在那個地方踏下自己的足跡。

腦中還在思考自己為什麼會來日惹之時，司機的招呼聲將我的思緒拉向窗外的景色。初抵達婆羅浮屠時，才不過清晨六點，被綠意與群山環抱

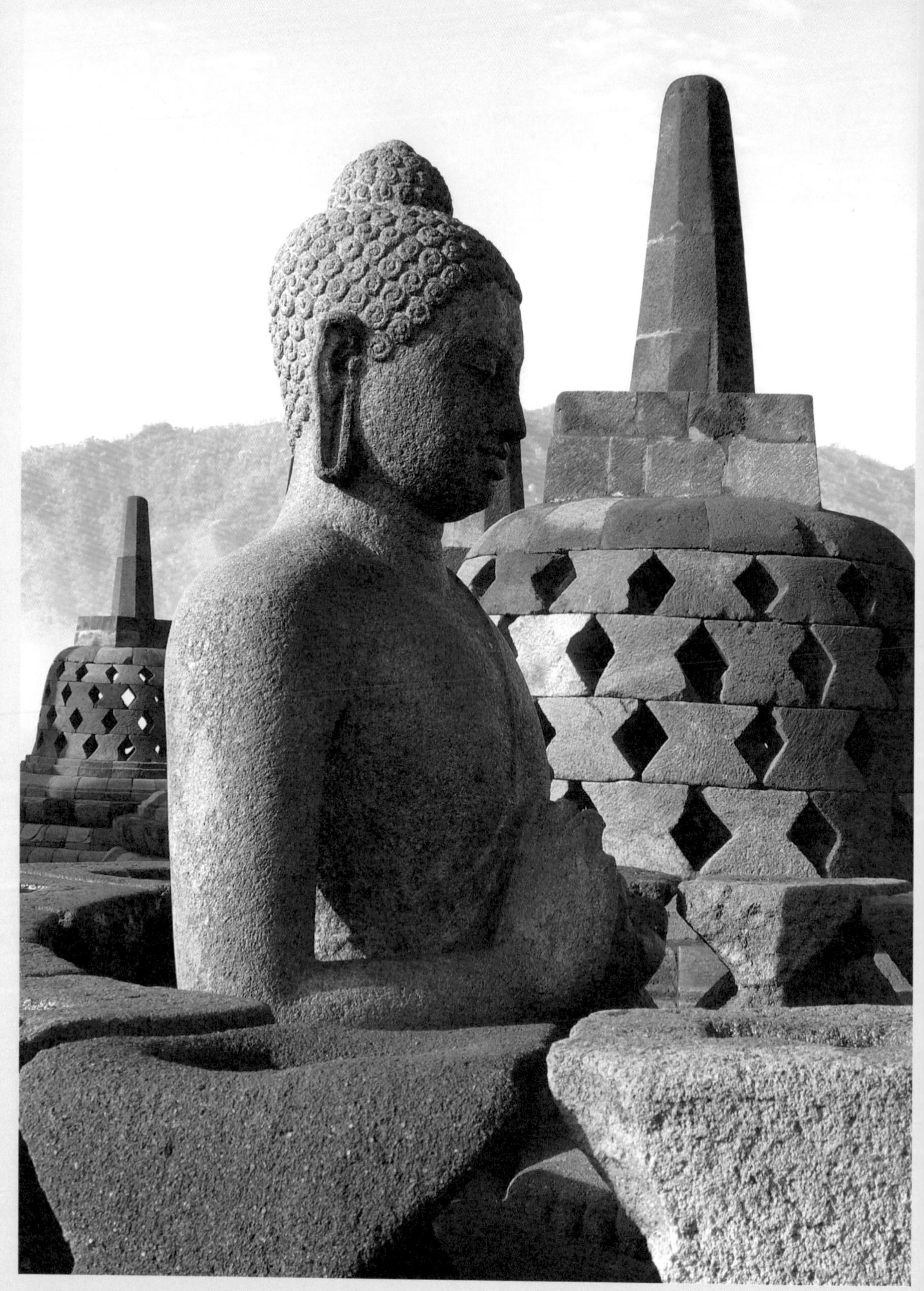

的高塔，如神話般從輕霧中緩緩昇起，讓同行旅伴紛紛驚呼了起來。

在淡金色晨光中的石砌建築，是那麼的美，那麼的離群索居。

自古以來，婆羅浮屠就是佛教朝聖之地，從各地蜂擁而至的朝聖者，要從底部開始，虔心順著環狀路徑層層上爬、繞圈，往上穿過三個不同境界，祈願祝禱。

很難想像的是，曾經盛極一時的婆羅浮屠，不知爲何在 14 世紀爪哇佛教與印度教王國衰微後被突然棄置，湮沒於荒煙蔓草之間。隨著爪哇人改奉回教，印尼漸成亞洲最大回教區域，婆羅浮屠從歷史舞台淡出、消失，就跟我們熟悉的另一古文明遺跡吳哥窟一樣，沒有人確切知道婆羅浮屠爲何興起，又爲何被遺棄。

我踏上石階，順時鐘一圈圈走在古老而斑駁的岩塊，周邊的景物逐漸褪去霧氣，人的心思隨著登高也逐漸清明起來。

薄得像紗一般的霧儘管散去，神聖莊嚴的氣氛卻未稍減。爬得越高，越覺得自己眞是幸運，能在遊客還未大量湧入前，可以用自己的節奏，感受我們與過去時光的邂逅。

是啊！說歷史太沉重，當我們來到古文明遺址，尋求的無非就是與逝去時光的連結，觸動對於自己生命的回顧。

走啊走，塔上徘徊的人們，在目光相接時竟都開始有了微笑，同車的法國人主動跑來幫我拍照，攀談之下才知道她來印尼工作，趁父母來訪，同遊嚮往已久的古文明奇蹟。她一雙中年父母一句英語也不會，完全聽不懂導遊解說。可是顯然，在他們清亮的目光與嘴角綻放的陶醉當中，我發現藉著與逝去時光的連結，藉著婆羅浮屠塔上的雕刻、佛像，還有充滿魔力的薄霧與空氣，一切，盡在不言中。

一邊聽著導覽解說，一邊對照著書上的解釋，古建築的形制逐漸顯影出來，層層疊疊的塔身，跟金字塔有點類似，逐建內縮的方形臺座，布滿幾千個斑駁的浮雕與端坐在佛塔當中的佛像，實在令人驚奇。

想起來，歷史眞是詭譎，爪哇曾經有過這樣龐大國力的佛教王國，能在古代全靠人力的狀況下蓋出這樣的建築，卻又將之棄之不顧，甚至全盤推翻自己原本的信仰，到如今翻轉成爲全世界人口最多的回教國度！

也許，每一個地方有自己的天命，只有常存的建築才能見證這些歷史，向我們訴說這些故事。考古學家大膽推測，11 世紀初，可能因爲政治權力中心轉向東爪哇，而婆羅浮屠附近的火山爆發不斷發生，因此導致了婆羅浮屠遭到棄置。也有考古學家推測，可能是 15 世紀爪哇居民大規模改奉回教，因此導致了這處佛教聖地的衰微。

不過廢棄的眞相爲何，婆羅浮屠重見天日的過程，卻又更見離奇，充滿了身爲殖民地的無奈與錯亂。

印尼雖然之前長期爲荷蘭屬地，不過在 1811 至 1816 年間落入英國人手中。當時擔任總督的萊佛士（對！新加坡的那家歷史旅店就是以他爲名）對爪哇歷史極有興趣，在 1814 年一次前往三寶壟的巡視之旅中，聽到當地人提到一座深埋叢林的巨大建築，引起他極大興趣，於是派人前往調查。在兩個月持續不懈的清理工作之後，終於使婆羅浮屠又重現世人眼前。

湮沒於荒煙蔓草與火山灰之間已有數百年的婆羅浮屠，在經過不斷整修後重新躍上世界舞台。尤其 70 年代末由印尼政府與聯合國教科文組織展開的大規模修復行動，使得婆羅浮屠名列世界遺產，也讓它成爲印尼最受歡迎的觀光景點。

儘管婆羅浮屠經歷過回教極端分子的爆炸，加上 2006 年芮氏 6.2 規模的強震來襲，給日惹帶來了不少傷亡，不過神奇的是，石塊堆砌的婆羅浮屠，卻並未受到損傷。

在這座珍貴遺址上，考古學家還發現了 4：6：9 的美學比例經常出現，推估可能與曆法、星象天文觀測或是宇宙學有關，在中南半島上另一座我們比較熟悉的著名考古遺跡——吳哥窟，也可以找到相似的痕跡。

雖然有不少佛像已經受到毀損，斷頭缺臂所在多有，不少精美的頭像也流落到歐美的博物館手中，不過婆羅浮屠還是保留下一些完整的塑像，讓我們得窺千年之前的佛教藝術之美。

就在這種讓人充滿讚嘆與陶醉的氛圍當中，我驅車前往日惹的另一處世界遺產「普蘭巴南」（Prambanan），一處建於 9 世紀中的古蹟。它除了是印尼規模最大的印度廟，甚至也是東南亞最大的印度廟。

看來，多元文化的出現，早在千年之前就不稀奇了呢！人們對於自己心靈寄託的精神指引，甘願窮盡心力去建築膜拜的殿堂，想起來，這也是驅策人們發揮創造力的一種重要動能吧！

就跟歐洲那些教堂一樣，要不是宗教之力在啓蒙運動前那樣淩駕一切，又怎麼可能花費那樣的精力，去發展出各種繁複的式樣，而形塑了我們現今看到的歐洲城市呢？

走近普蘭巴南同樣以塔狀建築作爲主體的印度廟群，它的占地廣闊，幾乎像是公園一般，只不過，現在幾乎都是來自歐洲觀光客的身影。三大神廟，分別奉祀印度教的三大神祇——破壞神濕婆（Shiva）、創造神大梵天（Brahma），以及保護神毗濕奴（Vishnu）。

當初主建築興建時，它是隸屬於信奉印度教的 Mataram 王朝皇室廟宇，主要的宗教儀典與祭祀都在此舉行。規模的宏大足與婆羅浮屠分庭抗禮，又高又尖的塔狀建築群，飾以繁麗的敘事雕刻，最高塔身可達 47 公尺，充滿對稱與均衡的美感。

那種瀰漫在婆羅浮屠的盛極而衰頹廢之美，在這裡又強烈感染著所有的參觀者的情緒。西元 930 年，建造此處遺跡的王朝往東遷移後，普蘭巴南逐漸衰落，終遭遺棄而毀損，並在 16 世紀的大地震中受到嚴重的損傷而倒塌。

直到 1811 年英國短暫占領荷屬東印度群島期間，在總督萊佛士爵士手下服務的研究者 Collin Mackenzie 無意間發現此處，這處遺跡才又受到關注。不過普蘭巴南沒有馬上被修復，除了又經歷數十年的荒蕪，也不斷受到劫掠，直到 1918 年才開始進行重建。目前最多遊客取景的主廟，是在 1953 年才回復昔日壯觀的風采；1990 年代印尼政府才遷除周邊的市集，並將廟宇建築周邊闢爲考古公園與綠地。

令人不可置信。幾百年的空白，時間都到哪裡去了呢？這些建築究竟怎樣度過那些被人遺忘的時光？而我們現今所看到的景象，竟都是在近百年內所復原重建。那些滄桑與斷垣殘壁，讓人不免對生命重新再作一次回顧。

如今，這裡不論是白天或夜晚，都充滿了熙來攘往的觀光客人潮。除了日間接待許多對印度教建築有興趣的參觀者，神廟西面的室內外表演舞台，則在晚間上演著各種傳統表演。自從 1960 年代開始，每當滿月出現，趁著月色與涼爽的微風，總會在此演出膾炙人口的戶外 Ramayana 印尼舞劇，讓觀光客可以在壯觀的佛塔背景下，體驗充滿聲光效果的爪哇經驗。

儘管，這樣的表演有些不倫不類，破壞了老建築的寧靜氣氛，但我想，在這個人們如此需要被娛樂的年代，也許這也是一種必要之惡吧！

在荒廢與復興之間，我們終究還是選擇了一條世俗的道路。這些建築因人而生，也可能因人而廢。沒有人氣與人味的建築，終將因爲荒棄而頹敗。可是我們該怎麼抉擇取捨，讓什麼樣的建築活下來？人們創造了建築，又如何讓它們「活」得充滿尊嚴？

我爬上少數一座開放的祭祀塔，想跟逐漸蜂擁而來的觀光客保持一點距離。躲在涼蔭中，心思在微微的涼風中飄蕩。

看著腳底下哪些突然變小、變遠的點點人群，我突然有些觸動。也許，我們有時候需要感覺自己的渺小，需要感覺自己在老建築前的滄海一粟，因爲那提醒我們謙卑，提醒我們人世間執念的無謂。

很意外，我走了一趟這樣充滿熱帶陽光烤炙的旅行；隨著自己的足跡回溯千年，緊接著又重返現實，聯想到隱藏在老建築背後的人生觸動。難道，這就是那些古建築要教我的事？又或許，不斷的尋找與思考，就是一種旅行的意義？

我沒有答案，但總是淡然享受每一段這樣的發現與過程。

李俊明

專事各種與旅行、建築、設計、博物館、生活美學、文化創意產業、當代文化相關之書寫與演講，並獲《誠品好讀》選為 2007 － 2008 年度注目作家；寫作之餘亦曾擔任誠品講堂、富邦講堂之城市創意與美學生活課程講師。

曾任《世界地理》《雅砌》雜誌總編輯，並擔任《家的生活誌 CASA+》雜誌總編輯。作品包括：《城市．愛情．對手戲》《我不在家，就在去博物館的路上》《哥本哈根設計現場》《生命就應該浪費在美好的設計上 Swiss Design》《瑞士建築異境》《曼谷設計基因》《風格之競曼谷：新黏力城市崛起》《相約粉樂町》《設計．品》等書。

境外旅行 02

日本瀨戶內海的療癒系建築之旅

謝宗哲

……窗外隨時都有著瀨戶內海諸島溫柔身影相隨，因而醞釀出一股帶有某種療癒系、不可思議的氛圍。那是一種靜默的、安詳的相伴，也像是某種孕育出富饒文明而帶有女性特質、母愛般的呵護。

其一：伊東豐雄與安藤忠雄的博物館建築朝聖巡禮

回國在大學任教已經有 4 年半之久了。

身為大學教師，從世人的觀點與想像上而言，幾乎可以是一種完美的職業：悠閒地在校園裡授課、優雅地在研究室的書籍環抱下閱讀、和學生在學術殿堂中共享知識的饗宴、有令人豔羨不已的寒暑假、有著相對優渥的生活品質……等等。這樣的畫面到 20 世紀末為止，似乎是這樣的沒錯，但是在飽受少子化困擾、學校的永續經營面臨空前挑戰之際，大學教師其實早就失去原本的光環，而在面對校方就教學、研究、服務、輔導的重重業績壓力下而疲於奔命，即便有寒暑假，仍必須面對不同的任務要求，因此早就不比從前，反而在某種程度上更需要某種全面的療癒與治療。

「出走」成了我們這個社群在被壓縮到幾乎只剩狹縫的寒暑假中最大的生活寄託，而之後所伴隨的「旅行」，顯然便是讓我們得以重新得力的療癒與救贖。

會選擇前往瀨戶內海有幾個重要的關鍵。事實上，我在當時的確對於靠近福島核災的東京周邊有些許疑慮，不過已經有長達半年以上沒有回日本也是事實，所以只好打著「拯救／支援日本」的名號，前往相對安全的關西及瀨戶內海周邊的這類盤算。另一方面，由於我受邀參加以伊東豐雄為主的日本建築家們所舉辦的一個「Home for All」的 Sketch 提案、後來被展出於甫於 7 月底落成的伊東建築博物館，因此就產生了一股想親眼到現場一探究竟的衝動。

再另一方面，則因為在年初所看的一部氣勢滂沱的史詩式日劇《坂上之雲》，讓我決心一定要來到位於瀨戶內海南端之四國松山、由安藤忠雄

令人感到莫名恬靜的、位於瀨戶內海中之犬島的港口前

所設計的坂上之雲博物館進行朝聖的動作。於是就在各種主客觀的意志運作之下，我在 2011 年夏天有了這場瀨戶內海周邊的建築散步之旅。

在前往現場的途中，我們穿梭於無數串接島嶼的海上橋梁，以「跳島」的行徑邁向這個建築聖地。在這個移動經驗中，印象最深刻的莫過於窗外隨時都有著瀨戶內海諸島溫柔身影相隨，因而醞釀出一股帶有某種療癒系、不可思議的氛圍。那是一種靜默的、安詳的相伴，也像是某種孕育出富饒文明而帶有女性特質、母愛般的呵護。我想這或許會是同樣身為海洋文化所洗禮的島國子民所能具備的感性，是一幅無以名狀卻又帶有淡淡鄉愁而令人無比懷念的風景吧。

位於瀨戶內海之豐島上，由西澤立衛所設計、猶如水滴狀的豐島美術館

在大三島上短暫的「迷航」之後，我終於看到了爲咖啡色與清水混凝土所裝扮、以多面體所構築而成的 Steel Hut——伊東豐雄建築博物館就在崖上眺望著那片寧靜而古老的海域，同時露出她婀娜的姿態。

堪稱當今日本建築界最具作家性格的伊東豐雄，在建築論上不斷尋求突破與進化之下，在當時發展出一種彷彿自然界結晶現象、以多面體的嶄新幾何學邏輯所組織而成的空間模組。這個空間提案最主要的企圖與訴求在於擺脫「建築＝方盒子」的束縛，並試圖對這種慣性思考作出批判與反思。伊東後來找到了這個作爲其創作觸媒的「結晶體」，也恰如其分地回應了伊東認爲 21 世紀建築應該回歸自然的主張。

入口大廳，展出的是伊東建築生涯中最重要的代表作——仙台媒體館。它剛好誕生於新舊世紀交替之際，其中遭遇的挫折以及後來完全逆轉的廣大迴響，徹底改變了伊東的建築觀，並爲伊東帶來自信，走向以「衍生的秩序」來生產建築的前衛創作之途。

緊鄰大廳的展覽室則以海與藍爲主題，將伊東事務所歷來作品模型全部植入如同漂浮著的瀨戶內海諸島上，並讓參觀者爲多面體的藍色壁面所包圍 。這包含了伊東對「環境」脈絡的回應、「場所性」的創造，以及「建築創作」的歷時性呈現，是一個擁有淋漓盡致詩意的展示手法 。而漂浮於空中的小型多面體模型，則是以「My Cosmo」爲題，針對未來建築與城市及自然環境之間的關係所作的提案。此外，藍色牆面與天花板上更陳列出對衆多建築家們提問「建築是什麼」，所收集到的回覆訊息與話語。

最後來到一個往下延伸的多面體空間，展出以伊東、妹島爲首的建築師們，爲了改善 311 東北大地震災民「持續居住在近似極限環境中的狀態」，希望使他們的居所「再更人性化一些、再稍微舒服一些」所作的努力。他們召喚了全世界的建築家、有志於建築的學生及孩子們來畫出屬於他們內心裡的「所有人的家（みんなの家）」的期待與想像。看著這些圖，內心感受到了一股出自於建築家們深刻人道關懷的暖意。

在結束了伊東建築博物館的巡禮之後，我再次穿越過瀨戶內海的諸島，一路南下到位於四國西北端上松山。松山古名伊予國，自古以來便是以水軍著名的戰略要衝與輻輳之地。司馬遼太郎的《坂上之雲》的故事，事實上就是以出身松山的秋山兄弟，如何在國家飄揚動盪的年代中追求屬於自己的夢想，並在關鍵時刻挺身而出，成就日本於明治維新後首度戰勝俄國巴羅的海艦隊所撰寫的史實傳奇事蹟。

《坂上之雲》本身的意思是「順著山坡（坂）上升的雲」，折射日本在明治維新時期奮發圖強，試圖迎頭趕上西方文明，晉身現代化國家之列的時代情景與感受。有意思的是，坂上之雲博物館的設計者安藤忠雄在自學建築之際，從比喻論的角度上而言，或許可以說是有著與這段史蹟相近似的境遇與心路歷程吧。當時的安藤少年可以爲了一睹柯比意的作品集，而在二手書店與老闆纏鬥三個月，並爲了學習建築而花費一整年的時間，以貧窮旅行的方式展開他在歐洲各國中的都市徬徨。那是一種追求夢想的熱情與浪漫，即便有著尺度與規模上的不同，但在本質上卻是無比靠近的。

回到坂上之雲博物館的討論，它就位在松山城下不遠處，也就是小說主角們誕生之地的附近。這棟完成於 2006 年的作品，很顯然是安藤正在探索三角形幾何形體的時期（安藤特有的建築雙生觀也在後來催生出本作品之姊妹作、位於台灣亞洲大學的安藤藝術館）。在外形上有著完結性三角形體的這個坂上之雲博物館，最精采的還是透過將觀覽的動線塑造成一條持續上升的斜坡來和展示空間結合，並透過空間尺度的縮放來處理特殊的空間經驗與驚豔——例如有一整面展示出《坂上之雲》小說的全連載篇幅的高牆，便成功地處理了時間性的歷程與崇高感。

本館中最厲害的風景，無疑便是安藤透過特殊結構工法所建造、彷彿懸浮在半空中的那道「登雲梯」來總結空間的高潮。我在這當中見識到安藤久違了的早期技法，那是一種在空間中透過壓縮與解放，所達成的一種具有緊實度的空間張力。

其二：妹島、西澤與 SANAA 的島嶼們

結束了伊東建築博物館與安藤坂上之雲博物館的朝聖之後，我們接下來繼續往東移動，準備從位於岡山縣的宇野港，前往在 2010 年因著瀨戶內海藝術季而喧騰一時的犬島、豐島與直島這三個最重要的展演場域。

誠如我先前一開始所說的那樣，我之所以會選擇前往瀨戶內海這個對我而言的陌生地帶，除了想去見識一下我個人曾在 2010 年 3 月擔任妹島和世在信義誠品台北演講會的翻譯時，聽她本人親自解說的犬島藝術村之外，另一個決定性的關鍵，則是遠在我 2006 年首次與西澤立衛接觸時，那個讓我無比驚豔的「水滴狀建築——豐島美術館」設計案，終於在 2010 年完工落成所對我造成的致命吸引力；而位於直島上的海之驛站——宮之浦港碼頭的極簡造形，則讓我想起了石上純也在神奈川工科大學的 KAIT 工房。

因此，我想趁這個機會重新看看極有可能是石上在離開 SANAA 之前的

由妹島和世所設計的犬島藝術村中，帶有自然曲線的透明藝廊

最後一個作品的風采。這樣的走法，甚至可以把這個後半段的瀨戶內海建築之旅，稱之爲對於日本當代前衛建築一脈作品的考察與追尋的足跡吧。

犬島：遠離塵囂而恬靜的藝術村落

爲了有效控制行程的彈性，我們一開始便搭著瀨戶內海上的快艇直奔位於最遠的犬島。

瀨戶內海中的犬島是幾個知名的小島之一。妹島和世在這個島上所作的藝術村「家 project」便是大家所熟悉的「閒置空間再利用」。她將當中幾個已經人去樓空的老房子加以改造並轉用成藝廊，並從那當中探索聚落空間的再構築。事實上，犬島在過去曾以採集石頭之島而聞名，在地形上有著豐富的起伏，並爲自然所圍繞。

離散分布在島上的展示室，都盡可能地配合基地周遭環境及風景來進行一體化的設計。

一開始，會針對候補的閒置民居進行現況調查，以確認該如何活用原來的木構造，如果損傷程度較嚴重的才使用鋁材或壓克力進行重新改建。例如其中的 House Ｉ就增設了一個以木材及鋁材製作、猶如變形蟲般的物件，置身其中可以體驗到藉由鋁材之間的反覆映照所呈現出的奇特空間感。而 House S 則更益發自由地以連續性的自由微曲線，來塑造出線性的壓克力透明量體，藝術家柳幸典並在內部植入以白色蕾絲所製作而成、如同蜘蛛網般的藝術裝置。

這個作品的意義在於將周圍村落的自然風景映照在壓克力透明量體之上，而讓周遭的村落也成爲藝術的一環來被體驗。另一個在聚落鄰里中所出現的，則是妹島以鋁所蓋的銀色小圓頂亭子，裡頭擺設了幾張兔子椅，並在鋁質殼狀屋頂上打出無數個小小的孔穴，得以調和這個在大太陽底下看似非常炎熱的亭子裡的微氣候，宛如是被施加了魔法般地涼爽。

島上最迷人的是，還保有被許多夾在山丘之間的場所，有著家屋連綿不絕的小徑，或者是可以眺望海景的高台等等。

在不斷轉換的各個季節裡走在這座島上，各展示室所呈現出來的次序與他們之間的距離感。從道路遠方被看見的樣子、徐緩移動的樹木與植物、與各個民居的關係都在這當中被作爲設計的內容加以確認。

於是展示室透過木頭、壓克力、鋁、石頭等各種不同材料被建造。或許各個單體看起來似乎是完全不同的施作方式，但是在聚落中散步的體驗裡，可以發現它們和矮石牆及柵欄、稻田與庭園等聚落所既有的多樣性素材混在一起的過程裡，在體驗中有各種素材反覆地出現，而得以感受到這些展示室，其實是作爲全體的一部分而溫柔地與聚落聚合在一起的。

此外，各個展示都被處理成開放的空間，讓藝術品得以和周邊的風景被一起展示，因此整個村落的風景都藉由這些透明的展示室，而被連續不斷地展示出來。

聚落多彩多姿的地景、和全新存在的展示室與藝術，以及和那當中

上：直島海之驛旁的公園與草間彌生的南瓜

下：犬島藝術村中，亭子裡的 SANAA 兔子椅

安詳的日常生活融合爲一體，成就了整個聚落的嶄新風景。於是聚落一整個都成了美術館，而藝術也成了生活風景的一部分。

豐島：自然地景中的奇幻美術館

豐島美術館位於豐島靠近海邊、能夠眺望海邊的小高丘的中腹地帶，其周遭是和梯田混合在一起的美麗自然環境。爲了能夠和藝術家內藤禮的作品有著完美的演出，西澤立衛所作的提案是一個如同水滴狀、由自由曲線所構成的混凝土殼構造建築。這個如同水滴般而極爲有機的建築形體，除了與周邊起伏的地形與景觀有著完美的協調性外，其建築本體的混凝土薄殼板結構，成功地創造出規模寬達 60M 的空間跨距，而孕育出一個巨大而有機的 One-Room 內部空間。西澤刻意將本建築壓得較一般殼結構建築來得低，因此在外觀上與其說是建築物，看起來還比較接近土丘或坡道之類地景般的存在感。

實際來到裡頭，發現室內因爲被刻意的壓低，而有了一種被拉伸得比較遠、在水平向有著某種無限蔓延的廣度。這個美術館與其說是作爲美術品的容器，還不如說建築本身就是一個藝術品。最大的特徵在於它在殼構造本體上開了一個非常巨大的洞，從那兒將光、雨等自然的動靜帶入建築裡，而帶有某種難以言喻的精神性與神聖性。

在這裡，讓心沉澱下來體驗空間的靈性，成爲每個來此的人們最重要的儀式。或躺或坐或臥，感受著與大地一體的地板的同時，也能夠側耳傾聽這個半戶外建築空間與自然環境的對話與動靜。換句話說，西澤創造出一種讓建築爲作品與環境既封閉又開放的 Dynamic（生動活潑地）的狀態。於是在這個如同自然地景般的美術館裡，西澤立衛達成了將環境與藝術及建築融合在一起的目標。

豐島美術館裡的療癒系靈性空間

直島：極致抽象的海之驛站

瀨戶內海建築之旅的最後，我抵達一直以來都被視爲安藤建築聖地的直島。不過，這次由於時間上並無太多餘裕，來到直島純粹只是爲了過境轉搭其他船班回本島，於是坐落於直島宮之浦港的這個由 SANAA 所設計的海之驛站，便成爲本次瀨戶內海建築巡禮的終點。

這個港口在當初打算作爲直島文化交流據點來進行整建的計畫中，是希望囊括碼頭機能的售票口與候船室、辦公空間、觀光案內所與土產販售空間，以及活動空間共約 600 平方米的機能，並要求在共有 5400 平方米的廣大沿海基地的南側，可以蓋出一棟作爲地標般的建築物。

然而，SANAA 則認爲這樣的作法和周遭環境並沒有任何關係而顯得唐突，因此轉而採取一種試圖塑造出成爲該港口沉穩風景的建築提案，於是便催生出了長 70M、寬 52M 的極爲單純的超大屋架來遮蔽整個基地的極簡造形。雖然在形式上毫不起眼，但是從空間組織上卻體現了日本傳統建築的精髓，是一種可以隨著機能需求而有機地在水平向度上繁衍增加的模式，並且透過不同的素材來作借景與映景的動作，來回應與自然環境之間的關係。從屋簷下與周邊往海或山、聚落等周遭的風景幾乎完全不被遮擋，在視覺上是完全通透的狀態。而從海上的遊艇則能看見這個大屋頂映照出島上的風景，並在立面上呈現一種在水平方向上廣闊延伸開來的效果。

此外，這個巨型屋簷所塑造出的半戶外遮蔽性空間，人們可以從四面八方自由進出，並隨時體驗和周圍環境的連續性景致。車輛的暫停空間、等候空間、活動會堂、休息室等機能，則透過玻璃箱型空間量體點狀式地散布其中，恣意而不零亂。

從這個大屋簷下可以看見除了生活在這裡的人們之外，也有自行車、貨車等從靠岸的遊艇到這個島上來。在這裡，可以看見有爲了等船而在裡頭的咖啡店小憩一番，或者是開著車準備搭船、打算從這裡上岸去觀光的各種人們聚集，而讓這個地方成爲充滿各種風情、如同直島的入口大廳般的場所。

在傍晚時分，我搭著往本州出發的船班依依不捨地向這個乾淨俐落、充分展現 SANAA 建築毫不矯飾而洗鍊無比的海之驛站告別，帶著一份滿足與療癒後的清新，結束了這場關於瀨戶內海建築的巡禮。

最後，我想以「旅，造就了人 」這句安藤忠雄曾經說過的話，作爲本篇的最後註腳。

雖然我在本文之初提到了旅行的動機來自於出走與逃離，但對我來說，

「旅行」在本質上其實涵蘊著更深刻的意義：因著旅行，而得以脫離容易陷入惰性循環的日常生活，並且在一個新鮮而未知的境界裡得到嶄新的試驗與刺激；也就更因置身在一個前所未見的困頓境遇中，反而更具有「創造性」之產生的可能。

這或許也就是安藤忠雄長久以來，把「旅行」這件事情當作人生中最大的導師，並且不斷地在自己的眞實生活與內心世界持續著自己的旅程，並且持續著和自己之間之戰鬥狀態的緣故。因著旅行，我們得以發掘自己在日常生活中未能察覺的生命與潛力。

上：伊東豐雄建築博物館外觀
下左：建築博物館入口
下右：筆者造訪之時的「Home for All」（みんなの家）展

上：坂上之雲博物館中的懸空式樓梯
下左：妹島和世所設計的犬島藝術村中之曲面裝置藝術
下右：有著三角造形的坂上之雲博物館

Profiles of All Contributors in this book

工頭堅

本名吳建誼，出生在宜蘭，成長在台北；國際領隊／導遊，資深部落客，目前擔任雄獅集團欣傳媒達人總監、主題旅遊部經理，以及《一次旅行》《SENSE》雜誌專欄作者。對於台灣文創旅遊的未來，有著豐富想像與不滅熱情。

黃威融

2006 年 11 月至 2011 年 9 月期間擔任 《Shopping Design》總編輯，因為工作緣故常在台灣各地跑來跑去，好友謝宗哲特地邀請我寫篇台灣遊記，我覺得這幾年的幾段奇遇，喜愛建築城市空間創作的你們應該會感到有趣。

王治國（Bruce Wang）

淡江大學建築技術系畢業，東海大學建築研究所 A 組碩士。

現任金光裕建築師事務所資深建築設計師 、FUNTASTIC 樂團電貝斯手。

主要參與作品：高雄醫學大學圖書館二館（2003）、速霸陸汽車 3S CENTER（2007）、台北國際花卉博覽會——美術公園區舞蝶館（2008）、新加坡布其帝瑪路集合住宅（2008）、國立臺灣大學實驗動物研究中心（2009）。

其他：台灣集合住宅的未來預想圖（2011，展覽／出版）。

蔡淑君

菊島之女。1979 年生。文化大學中文系文藝創作組畢業，
曾任職商品文案，現爲廣告企劃公司企劃總監。
2002 年開始在台南工作、結婚、育女，幸福地以寫字爲生。
30 歲以後，將生命大部分放置在文學、建築、旅行中，
認爲建築所謂的美好，除了形式，還有從中得到的關於生命的意義與態度。

沈憲彰

筆名船橋彰，魔羯座 O 型台南人，不吃水餃，擅長做令別人羨慕的事。輔仁大學應用美術學系藝術學士、東海大學建築研究所建築碩士。三十歲離開建築事務所，旅行成爲生活信仰，並持續書寫文字風景——平面風景事務所 funabashi.pixnet.net/blog。好非主流價值下的亞洲人文風景，並以影像及文字創作重述旅行空間形貌。實驗亞洲旅行信仰倍增計畫，在生活中漸進擴張旅行比重，企圖以旅行維生。曾獲 2009 第四屆 BENQ 眞善美獎二獎、2010 第二屆旅行的意義首獎。現任大葉大學空間設計學系兼任講師及自由文字、影像及設計工作者。著有旅行文學《印度以下，風景以上。》（2011.11 ／貓頭鷹出版）。同年於台北舉行「船橋彰印度旅行文件展」。

羅曜辰（Hata Lo）

1976 年生於台灣。東海大學建築研究所畢業。
2008 年任職於德國 behet bondzio lin architekten 事務所之建築專案設計；2011 年與藝術家蔡芳琪共同創立哈塔阿沃建築設計事務所（hataarvo architects）。
現任教於東海與逢甲大學建築系。主要作品有：Queen Wedding（2010）、Double House（2010）、Garden-Walls Housing（2011）、Iron House（2011）。

黃若珣

國立成功大學建築學士，美國賓夕法尼亞大學建築碩士。

現任國立成功大學建築系講師。

張子浩

台灣台中人。

國立成功大學建築學士，美國喬治亞理工學院建築碩士。

曾任美國 T. S. Adams Studio 建築設計師；現任 U. TECH 技聯組工程顧問公司專案建築師。

李俊明

專事各種與旅行、建築、設計、博物館、生活美學、文化創意產業、當代文化相關之書寫與演講，並獲《誠品好讀》選為 2007 —— 2008 年度注目作家；寫作之餘亦曾擔任誠品講堂、富邦講堂之城市創意與美學生活課程講師。

曾任《世界地理》《雅砌》雜誌總編輯，並擔任《家的生活誌 CASA+》雜誌總編輯。作品包括：《城市・愛情・對手戲》《我不在家，就在去博物館的路上》《哥本哈根設計現場》《生命就應該浪費在美好的設計上 Swiss Design》《瑞士建築異境》《曼谷設計基因》《風格之競曼谷：新黏力城市崛起》《相約粉樂町》《設計・品》等書。

The Eurasian Publishing Group
圓神出版事業機構
用心與你對話·視野無限寬廣

http://www.booklife.com.tw inquiries@mail.eurasian.com.tw

 042

每個人心裡都住著一座城市
──建築、設計、旅遊達人的台灣空間旅行

作　　者／謝宗哲　等
發 行 人／簡志忠
出 版 者／究竟出版社股份有限公司
地　　址／台北市南京東路四段50號6樓之1
電　　話／（02）2579-6600 · 2579-8800 · 2570-3939
傳　　真／（02）2579-0338 · 2577-3220 · 2570-3636
郵撥帳號／ 19423061　究竟出版社股份有限公司
總 編 輯／陳秋月
主　　編／連秋香
專案企畫／吳靜怡
責任編輯／連秋香
美術編輯／金益健
行銷企畫／吳幸芳 · 陳姵蒨
印務統籌／林永潔
監　　印／高榮祥
校　　對／劉珈盈
排　　版／莊寶鈴
經 銷 商／叩應股份有限公司
法律顧問／圓神出版事業機構法律顧問　蕭雄淋律師
印　　刷／龍岡數位文化股份有限公司
2012年8月　初版

定價 320 元　ISBN 978-986-137-158-0

台灣第一個現代式的百貨公司叫「菊元」，一九三二年底開幕，舊址即台北市衡陽路、博愛路口的國泰世華銀行。

——陳柔縉，《台灣幸福百事——你想不到的第一次》

國家圖書館出版品預行編目資料

每個人心裡都住著一座城市：建築、設計、旅遊達人的台灣空間旅行 /
謝宗哲等著. -- 初版. -- 臺北市：究竟, 2012.08
196 面；17×23公分 --（第一本；42）

ISBN 978-986-137-158-0（平裝）
1. 臺灣遊記 2.都市建築 3.旅遊文學

733.6 101012078